华中科技大学人文学院
新人文研究中心 / 主办

Studies of New Humanities

# 新人文研究

## — 第一辑 —

刘久明　主编

商务印书馆
The Commercial Press

# 《新人文研究》编委会

# 新领域·新方法·新话语：

## 我们何以需要"新人文"<sup></sup>*

刘久明<sup></sup>**

　　华中科技大学人文学院"新人文"研究中心的成立，以及举办以"新人文"命名的学术论坛，乃是基于我们对人文学科发展现状的忧思。最近数十年来，人文学科的发展深陷困境，这是有目共睹的事实。早在20世纪60年代，英国历史学家约翰·普拉姆（John Plum）教授在其主持编写的《人文科学的危机》一书中，就对文学、历史、艺术、哲学等学科的发展发出了危机预警。同年，美国学术团体理事会在其发表的一篇报告中也不无悲观地指出："在超级科学和超级技术的时代，人文学科的生存斗争越来越困难。"[1] 如果说，在20世纪60年代这些关于"狼来了"的预言表达的还只是部分学者对于人文学科发展的隐忧，那么进入新世纪之后，"狼来了"的预警则已成为现实。今天，放眼望去，不管是国内高校还是国外高校，像文史哲这些传统的人文学

---

\* 本文原为作者2023年10月28日在华中科技大学首届"新人文"论坛上的致辞，经过修改后作为《新人文研究》的序言。

\*\* 刘久明，华中科技大学人文学院院长、教授、博士生导师。

1 *The "Crisis" in the Humanities*，https://blogs.princeton.edu/librarian/2010/11/the_crisis_in_the_humanities/.

科，由于受到蓬勃发展的STEM学科[1]的挤压，普遍在不断萎缩，学科地位不断被边缘化，招生规模日渐缩小，大学给这些学科提供的教职岗位越来越少，科研项目和经费的获取越来越困难。随之而来，"人文学科正在衰落"乃至"人文学科终将消亡"的言论也不绝于耳。2019年，《探索与争鸣》杂志发表了一篇文章，题目为《被嫌弃的人文学科：是什么让它陷入整体性的"生存危机"》，标题中"被嫌弃"和"生存危机"两个关键词，可以说相当典型地代表了近年来关于人文学科末日的修辞。

那么，人文学科何以陷入今日的困境，以至于出现"整体性的生存危机"？回望人文学科的发展历史，借用鲁迅笔下人物阿Q的话来说，这个学科过去也曾"阔过"。从中世纪大学制度建立，经文艺复兴到19世纪，人文学科曾经长期占据大学的中心地位，构成了大学的灵魂。但随着近代工业文明的发展和科学技术的突飞猛进，人文学科头上的耀眼光环逐渐消退，昔日骄傲的公主一步步沦落成了遭人白眼的弃妇。时至今日，人文学科更是迎来了她的至暗时刻。

人文学科地位之所以发生如此逆转，首先不能不归咎于"技术理性和官僚系统的双重宰制"。在现代性背景下，科学技术的飞速发展和工具理性的野蛮扩张使现代社会陷入了"人为物役"的困境，人的生活的意义被消解，整个世界成为技术理性和工具理性的"在场"，而以追求价值理性为目标的人文学科不得不黯然"退场"。另一方面，在市场经济环境下，大学也越来越具有商业化的特征。受功利主义价值观的驱动，教育行政机关与大学管理部门越来越趋向于对学科进行量化指标评价，人文学科被认为空怀屠龙之技却不能直接创造市场价值，因此被一步步打入冷宫。

人文学科的衰落，责任当然不全在这些"外在的打击"，人文学科自身

---

1　科学（Science）、技术（Technology）、工程（Engineering）、数学（Mathematics）四门学科的英文首字母的缩写。

的"内在缺陷"也难辞其咎。人文科学是以人和人类社会为研究对象的科学，由于人类是宇宙中最复杂的系统，所以对它的研究也特别困难，这使得人文科学与技术科学相比，发展速度明显滞后。尤其近年来，科技的发展一日千里，以互联网革命、人工智能的崛起和生物技术的突破为标志，新一波科技进步的浪潮已经形成，并且正在深刻地改变着人类的生活方式。而人文学科在此过程中基本上处于茫然无措的"失语"状态，未能有效地介入当前的技术发展和批判，这也是导致人文学科被边缘化的重要原因。

其次，人文学科在发展过程中，学科内部的不断细分以及过度的专业化，导致人文学科视野的过于狭窄，面对当下正在发生剧烈变迁的世界，难以进行有效的反思和批判，更无力推动其朝着更为合理、更为正确的方向发展，这也是导致人文学科变得无足轻重的重要原因。

在人文科学面临无处不在的危机的历史时刻，我们无疑需要进行认真反思。而打出"新人文"的旗帜，成立"新人文"研究中心，举办"新人文"论坛，正是我们为破解人文学科的危机、寻求人文学科的新生之路所做出的努力。

在这里，我们有必要对"新人文"的内涵进行一下阐释。"新人文"概念的提出，当然是为了与传统的人文科学有所区别。"新人文"是对传统人文科学的重新审视，是对传统人文科学的扩展与更新。"新人文"强调对当代问题的参与，它关注人类在数字化时代的存在和经验，关注种族、性别、生态、环境、伦理以及社会公正等现实问题，试图通过批判性的分析和理解来促进建设一个更加包容和公平的社会。新人文强调跨学科的合作和技术的整合，试图打通人文科学与社会科学、自然科学以及技术科学之间的壁垒，重建人文与技术的关系，弥合彼此之间的鸿沟，从而更好地回应当代社会的复杂需求，参与并引导人类文明的进步。

我们成立"新人文"研究中心，并举办首届"新人文"论坛，是我们在探索建设"新人文"道路上迈出的第一步。我们期待与各位学界同仁一道，勠力同心，携手并行，共同为繁荣发展中国特色的人文学科贡献自己的一分力量！

# 目　录

· 学术访谈

医学人文的核心问题与研究动态

　　——郭莉萍教授访谈录　/　谭杉杉　郭莉萍　　　　　　　3


· 新人文·新视域·新方法

从中西人文精神的异同看文艺的定位　/　邓晓芒　　　　　21

"新人文"视阈下重读但丁　/　曾艳兵　　　　　　　　　　31

科学的？还是有用的？

　　——诺思罗普·弗莱论文学批评的学科合法性　/　陈后亮　　46

AI之眼：汉语诗歌的涅槃与重生　/　王毅　　　　　　　　66

徐迟科技报告文学的成与败　/　王庆　　　　　　　　　　95


· 文学与生态

生态文学对传统文学观的挑战及其启示　/　汪树东　　　　113

作为"新人文"的生态批评：

　　关于"人""文"与"自然"的再思考　/　龚浩敏　　　126

## · 文化与诗学

涩泽龙彦的博物诗学：一种现象学诗学分析 ／ 丁利荣　　　145

"凤凰"与"恐龙"：

　　论欧阳江河写作的"考古／博物"诗学 ／ 王书婷　　　165

跨文化、跨文本视野下的《日出》结构分析 ／ 祝宇红　　　185


## · 会议综述

开拓人文学科研究的新领域

　　——华中科技大学首届"新人文"学术论坛会议综述 ／ 扈琛　　211


投稿指南　　　219

# 学术访谈

# 医学人文的核心问题与研究动态

## ——郭莉萍教授访谈录

谭杉杉　　郭莉萍*

**摘要：** 叙事医学作为一门新兴学科，近年来得到了广泛的关注和快速的发展。郭莉萍教授是把叙事医学引入我国的第一人，翻译了叙事医学领域的奠基之作《叙事医学：尊重疾病的故事》。本次访谈围绕医学人文的定义、医学与人文的关系、实践叙事医学的必要性、北大开设的文学相关课程等内容展开。郭教授认为医学人文是一个学科群，她结合当下医学人文研究最新进展，详细阐述了医学与人文相辅相成的关系。针对医学人文研究的未来发展趋势，她指出目前我们需要思考和解决的问题是如何让"人文"真正落地，进而为社会发展起到指引作用。

**关键词：** 医学人文　叙事医学　医生作家　理想医生　共情

**谭杉杉：** 关于"医学人文"目前并没有明确的界定，北京大学的医学人文学院包括了医学史与医学哲学系、医学伦理与法律学系、医学心理学系、医学语言文化系等。是否可以这样理解：医学人文不是一个学科，而是一个以医学为中心的学科群？

---

* 谭杉杉，华中科技大学人文学院教授。郭莉萍，北京大学医学人文学院院长。

**郭莉萍：**大家对于如何界定"医学人文"虽然有各种各样的讨论，但一致认为它是一个学科群，各个学科都在用自己的研究方法和研究视角研究医学。国际上的医学人文学科起步于20世纪60年代，我们国内起步于80年代初。进入新世纪之后，学科观念在变化，不同的学科在把医学作为研究对象的基础上，已经慢慢建构了自己的身份认同。我们在十年前就已经开始推动整个医学人文作为一个一级学科来建设，在一级学科之下设置了很多个二级学科。医学史、医学社会学、医学与文学等学科一方面仍然在沿用其母学科的研究方法和研究范式，但另一方面，它们研究的问题都是与医学相关的，所以我们彼此之间的认同感跟原来的母学科认同感相比的话，反而是对医学人文的认同感更强烈一些。

**谭杉杉：**我理解您刚才说的意思是，现在的医学人文在以医学为研究中心的基础上，通过多学科合作和跨学科研究找到了自己学科的专业认同感，生发出新的研究方向。

**郭莉萍：**最早的医学人文诞生在美国，它跟其他的学科都不一样，因为医学的研究对象和研究课题其实主要是"人"的身体和精神，要直接服务于"人"的需求。当人们的身体出现问题时，医生借助他的专业知识能解决生理方面的疾病，但是人性、情感、价值观对身心健康都会产生影响，而医学知识可能对这些问题无能为力。医学人文先驱，当然也包括医生，他们认为仅靠医学自己的力量没有办法解决这些问题，因此他们希望引入其他学科的视角共同努力。

西方的医学人文与国内的医学人文的区别在于，前者只是人文学科，不包括社会学科，然而我们的医学人文不仅包括人文学科，还包括社会学科。西方把医学伦理学、生命伦理学都作为一个学科，和医学人文并列，但是在北大医学人文学院，我们希望在一个综合性的一级学科平台基础之上再来做二级学科的细分，所以我们认为医学人文是一级学科，医学史、医学哲学、叙事医学等作为二级学科。

**谭杉杉**：技术的发展促进了医学水平的提高，然而仅仅重视技术发展又会给医学研究和医生的治疗带来新的难题。如果医生把诊疗患者视为一个纯粹技术层面的问题，那么就会导致去人格化，最终使新技术侵蚀医患关系。再比如2018年基因编辑事件引发了大量关于法律和伦理的讨论。医学人文的提出是否基于这样的考量：医学实践和医学研究需要人文的"监管"和"辅助"？

**郭莉萍**：对，我同意你的提法。新技术的高速发展使社会发展迷失了方向，我们不知道工具和价值到底哪个优先，很多时候人们其实过度地关注了工具，却忘记了技术的发展是为了实现"人"最终的价值。如果不认识到这一点，未来医学的发展就会偏离医学的初衷，就会把个体的诉求放到次要位置。医学发展如果一味地重视技术，在医学技术的面前，人的价值和尊严就会隐而不见。因此大家并非突然觉得我们需要医学人文了，而是从一开始人文的"监管"和"辅助"对医学发展而言就是必要的。

另外，基因编辑事件是技术发展中的新知，但这一问题其实早在三个世纪前玛丽·雪莱的小说《弗兰克斯坦》中就已有讨论，这部小说是关于技术发展不受人控制的一个预言，它实则提出了一个疑问：人如何为自己的造物负责？假使人能够利用技术改变世界，带来新天地，人又该如何面对这新天地，以及从中诞生的、不同于自己的新人。科学家、医生当然可以追求技术至上，但是与此同时不要忘了自己追求技术发展、追求医学新发现的初衷是什么。用技术能干什么？到底是为了什么？发展医学技术却忘记了医学的初心，这其实才是引发社会大众以及人文学者们焦虑的原因，因此我们要通过人文思想来质疑现代医学发展过程中出现的不合理现象，所以最初的医学人文其实就是批评性的。

医学人文发展至今，现有的研究对医学和人文的关系总结出三个模式：第一种模式是添加型，即医学本身是完整的，人文添加到医学之中；第二种模式是矫正型，当医生与患者面对面的时候出现一些关系方面的问题，或者我们刚才谈到的技术过度发展导致医学失去了对于人的这种关爱这样的问题，医学需要人文来进行矫正，这也是主流的观点；第三种模式是整体型，认为医学与人文之间的关系是互助互辅的，二者结合在一起发挥出最大的效用。我认为除了这三种模式之外，还有一种模式，我称为指导型，无论是医患之间的关系，还是医学技术的发展，其实都是需要人文来指引方向的。唯其如此，在发展医学技术的过程中，我们才会认识到探索医学技术的边界不仅仅是为了满足人类的好奇心，而是为了人类的福祉服务。作为成熟科学家也好，作为医生也好，我们一定要有这种高度，达到这个高度需要人文的引导。否则的话，就像我在一篇文章里引用的一则寓言故事：一个机乘员正在广播消息："我有一个好消息，一个坏消息。好消息是我们正在平稳地高速地飞行，坏消息是我不知道我们往哪儿飞。"

**谭杉杉**：我们现在已经认识到，现代文明始终践行的是技术至上，或者说发展至上的准则，而这种唯技术论、唯发展论给人们带来的是新的伤痕，我们不得不承认，现代文明实际上已经面临瓶颈，我们都很迫切地想知道突破"瓶颈"的出口在哪，所以最终还是得慢下来，回头去反思。

**郭莉萍**：人文学科要解决的是人类在生存中面对的精神上的问题，是新技术出现之后引发的各种伦理问题。人工智能可能真的会毁掉人类，我们不能否认这种可能性，但是现在世界范围内各个国家都在进行人工智能方面的开发和技术提升，在并不遥远的将来，人工智能会越来越成熟。如果我们不慢下来，不在这个过程当中反思发展的伦理，人类真的就是高速地、平稳地盲目飞行，飞向一个不知所以的未来，所以我们要用人文去引导技术发展，这和你说的"监管""辅助"是一个道理。

**谭杉杉**：我们每个人都有生病的时候，生病的时候难免会有身为患者的"耻感"。当患者面对冷漠的医生、冰冷的器械，或者说各种工具器械检查的时候，这种"耻感"是会被放大的。因为在面对这种状况时，你会觉得自己不再是一个活生生的人，而只是一个被观察的无区别对待的对象，所以患者非常需要医生的人文关怀。叙事医学强调医方和患方的"写作"能力，这种"写作"训练在医方具体表现为"平行病历"，在患方主要表现为"倾诉故事／表达性写作"。我们能否这样理解，叙事医学的写作追求的主要是实用和实践意义，而非审美价值？

**郭莉萍**：就平行病历而言，它确实没有审美价值这方面的要求。有的医院在住院医师规培的过程当中就会要求规培生写一定数量的平行病历，并根据数量评分，医院还会特意地强调平行病历不是文学作品。平行病历的核心要求是医生对患者的细节观察、反馈和反思，医生能如实记录就可以了，如果强调审美价值，那么有的人不敢写，有的人带着负担写，反而会失去写平行病历的初衷。值得强调的一点是，在培养医生的过程中最看重的不是写作能力，而是文本细读的能力，更应该培养医生具有关注世界的能力，以及重视模糊性、多重性的能力。我们引导医学生进行文本细读的都是文学作品，在文学解读过程当中，我们肯定是会有多重解读和模糊性认知的，因为文学并不追求唯一真理或者说真相。反观医生的训练方式，诊疗是一种理性的行为，希望对患者的疾病有客观的唯一的解释。然而实际上当医学生真正进入临床实践之后，模糊性是存在的，所以我们希望通过文本细读的训练，让医生在行医的时候接受模糊性，这对医生的成长是有好处的。

对患者来说，"倾诉故事／表达性写作"也有实实在在的益处。1999

年《美国医学会杂志》（JAMA）刊载了一篇文章，内容是表达性书写负面体验对于哮喘和类风湿性关节炎临床结局影响的随机对照试验研究。研究发现，表达性写作有助于减轻哮喘和类风湿性关节炎症状，对于其他的生理指标改善也有明显的影响。经过将近四个月的叙事医学干预之后，医生再对这些患者做肺功能检查，观测哮喘和类风湿病的损害程度，两个对照组的结果有巨大差异。医生对这两个对照组的后期治疗方案和用药是一样的，区别仅仅在于一个对照组的患者写了创伤性经历，而另一个没有。因为这两个对照组的实验结果有切实的数据支撑，所以医学界开始重视患者的自我讲述。患者的讲述不叫"平行病历"，我们把它称为"疾病的故事"或者"疾病叙事"。从疾病治疗的角度来说，患者的讲述其实是一种自我疗愈，它既是一个自我纾解的过程，又是自我赋能的过程，是一种主观能动性的表现。

在长期研究过程中我们发现，患者在讲述"疾病的故事"的过程中找到了一种精神支柱，自我表达的能动性驱使他书写或者讲述，他觉得我对这个疾病有认识了，我明白它的意义了，那么我就能掌控这个疾病。所以疾病叙事赋予患者一种掌控感，人特别恐惧的是无知和无助，也就是说如果你对疾病一无所知，你就失去了掌控力。讲述和写作帮助患者自我赋能，如果他们理解了为什么得这个病，知道应该如何面对这种状况，那么即使面对疾病的过程很痛苦，患者在经过一段时间的自我赋能之后，也会觉得接受治疗的过程中自己能有所得，所以患者的疾病叙事是一种自我疗愈、自我赋能。此外，我们也提倡患者之间建立互助组，互相分享罹患疾病的痛苦，对于先进入互助组的患者来说，他可以给新的患者提供面对疾病的经验，如此一来他也能找到生命的意义和价值。

**谭杉杉：**有医学背景的学生对文学的理解程度会更深刻一些，是不是因为他们在临床实践的过程中见惯生死，他们会意识到疾病、死亡对人的生活造成的影响，那么他们自然而然地会生出形而上的思考，因此对生命会有更多的认知，所以他们在思考问题的时候就比较深刻一些。

**郭莉萍：** 关于这个问题，我想到了契诃夫，学界历来有这样的评价：医生契诃夫造就了作家契诃夫，如果没有医生契诃夫，也就没有作家契诃夫。其实就是这样的，因为他的素材都是来自医学实践。我们在和医生打交道的过程中跟医生聊天，医生会说他们最不缺故事了，医生或者医护每天都在接触大量的故事。他们只是没有时间也没有执念去挖掘其中隐藏的情感价值和生命观、价值观，如果他们真的有时间接受写作训练，或者有时间去动笔写作，他们一定能把这些故事讲得发人深省，他们缺少的只是时间。

**谭杉杉：** 湖北作家周芳结合自己在重症病房和精神病院做义工的经历，在2019年出版了两部非虚构文学作品《重症监护室》和《在精神病院》，"义工"虽然没有"医者"的身份，但也有在医院工作的实践经历，她的这种写作是否很接近您所说的"医生作家"的"创意写作"？

**郭莉萍：** 我觉得周芳老师不能定义为"医生作家"，"医生作家"的第一个身份首先是医生。提到"医生作家"，我的脑子里首先出现的是一个叫殳儆的医生，她是浙江省新安国际医院的一名医生。她以前在嘉兴第一人民医院工作，后来为了有更多的时间用于写作，跳槽到民营医院。殳儆从上医学院的时候开始每天记日记，现在20多年过去了，积累的日记很多，她根据日记又进行新的创作，迄今为止已经出版了三本小说《医述》《亲爱的ICU医生》《实习医生手记》，我特别佩服她小说中的意象。

我记得她讲过一个案例，浙江某医院的一个医生在"大手术日"要做手术，他将集聚所有的精神在导管室奋战一天。结果在这个医生做手术的当天，他的父亲急性心肌梗死也需要做手术，医院安排了他的同事帮他父亲做手术，他没有陪伴父亲，而是坚持做完了那天已经安排好的手术。医院把这个医生作为一个典型来宣传，可是却在网上引发了对这个医生的痛骂。网民们认为这个医生作为儿子太不孝顺了，自己父亲的生命危在旦夕，不去给父亲做手术，不停下手头的工作陪伴父亲，这样的人医院还好意思作为典型来报道，这样有悖人伦的事例不应该宣传等等。

殳儆不认识这个医生，她在自己的微信公众号记述了这件事情，文章中解释了"大手术日"是什么，为什么医生不能给自己的亲人特别是父亲做手术以及医生的两难，这篇文章的阅读量在很短的时间内就超过了10万。我记得她在这篇文章里面描写这个医生在猜到父亲急性心肌梗死之后还是前往医院准备"大手术日"，在去往医院的路上，他的心里一片乱，"像被马蹄踏过的泥泞的草原，一片狼藉"。这句写得太好了，作为读者的我们马上就能够想象彼时彼刻那个医生的内心景象。读者从文字中一下就能共情这个医生的惶恐与痛苦，然而即便心里如此乱，他仍然要去履行作为一个"医生"的职责。接着，这篇文章用文学性的心理描写剖析了医生为什么不能给自己的父亲做介入手术，因为"尖锐锋利的针穿下去，那是父亲的血管。皮肉之间神经锋锐的痛感，他的痛，他的退缩，就像痛在我自己的身上"。此外，他也不能把"大手术日"推后，因为这并非一个人的工作，"忙碌的介入手术室，多少辅助工作的同事，多少患者的等候"，牵一发而动全身。所以他能做的只是扶着父亲躺下，交给"医生"，然后"我"踏入自己主刀的手术室，专注于今天的手术，做完手术之后再努力走出去。

这篇文章细致地描写了这个医生的双重身份和两难处境：一方面，作为"儿子"，即便见惯生老病死，还是会有普通患者家属的那种脆弱和无助；另一方面，作为"医生"，他一定要回到自己的手术台上，面对着患者，他就忘掉了作为儿子的"脆弱"，只剩下医生的冷静克制。当他拿起手术刀的时候，他就只有一个身份——医生。医生在面对双重身份时的两难，老百姓不知道，也不理解。殳儆通过这篇文章让老百姓知道当他是"医生"的时候，他就不能是"儿子"，而他一旦脱下医袍回到"儿子"身份的时候，他的心也会乱，所以他不可能去给自己的父亲主刀。通过阅读这篇文章，大家很容易就理解了这件事情，感受到了这个医生的了不起。殳儆这样的医生作家目前在我国并不多见，她既熟知真实的医生生活和医院的运作机制，又有文学素养，能将这些内容生动细致地呈现给读者。

**谭杉杉**：医患关系的紧张，除了技术至上的原因之外，还跟医患之间交流太少有关系。普通民众对医生和医院的运作并不了解，比如一个医学生要经过多长时间的培养，要接受哪些方面的训练才能成为医生，比如"大手术日"并非一个医生的个别行为，需要很多医生和部门的批核。我们如果只是站在自己的立场去想象医生的工作和生活，很容易造成误读和误解，从这个层面上来讲，医生作家的确是很必要的。

**郭莉萍**：耶鲁大学有一个运作了十年的工作坊叫 The Writer's Workshop，也就是写作工作坊，他们邀请作家来培训那些对写作感兴趣的住院医师，也就是通过创意写作来培养出医生作家。这个工作坊从2003—2013年运行了十年，2014年他们回访了前面参加过工作坊的这些医生，试图对十年的创意写作培训做一个回顾性的研究。研究显示，这些参加过工作坊的医生获益良多。首先，他们都养成了坚持写作、分享感受的习惯；其次，他们发现自己的观察能力增加了，对患者的理解能力也增加了，共情能力也有所增加。这些和我们今天谈及的写作训练和文本细读对于医学生教育的好处是一致的，但是他们还有一个额外的收获，就是又产生了那么多优秀的医生作家。

我们给医学生开设文学类课程，引导他们从细微处阅读文学经典，培养他们关注细节的能力对于他们了解患者的真实疾病状况是有帮助的。我们在课堂上不是读情节，读故事梗概，而是发现各种文学形式如何推动情节的发展，分析每一个具体的隐喻是什么，如何表示时间，如何呈现空间，发现细节并分析这些细节背后隐藏着什么信息，有什么价值。举一个简单的例子，比如我们读托尔斯泰的《伊凡·伊里奇之死》，当伊里奇临近死亡的时候，最后几章的篇幅越来越短，语句也越来越短，气氛越来越紧张，托尔斯泰将形式与内容相结合，让读者意识到伊里奇的生命进入倒计时。医学生领悟力很强，他们在上这门课之前完全没有尝试过这种阅读方法，也没有关注文本中的这些细节，但是他们很快掌握了细读的方法，并且通过关注细节发现了文本中隐藏的信息和内容，他们意识到即使是沉默，或者其他的肢体动作，都表明了一种态度，只有经过细读，才能够关注到这些。医者具备足够的敏感性，关注细节、发现细节进而解读细节，这种细读能力体现到他们的医学实践中，在问诊的过程中就能够更精准地了解患者的病况。美国第一个在医学院任教的文学教授叫乔安娜·特劳特曼·班克斯（Joanne Trautmann Banks），她说"教会学生阅读文学作品，就是在医学上培养他们"，我非常赞同这个观点。

**谭杉杉：**您能介绍一下给医学生开设的相关课程的情况吗？给医学生开设哪几门跟文学相关的课程，然后是以什么样的方式，一个学期开设多少课时，以什么标准选择文学文本？

**郭莉萍：**我们系有一门文学类课程"现当代文学选读"，主要选择了跟疾病、医学伦理有相关性的作品，引导学生进行文本细读。还有一门课程"疾病叙事"，这门课程首先介绍疾病叙事的相关理论，然后训练访谈技巧，选择一些相关主题，如罕见病和肿瘤，让学生以分组的形式访谈患者，进行生命故事的采集与记录，因为我们要让学生去面对真正的人，而不只是在课堂上凌空蹈虚。完成生命故事的采集和记录后，学生进行小组讨论，最后在课堂上汇报发言。此外，还有对病人生命情景的体验、对"医生形象"的研讨等等。当他们完成了这些课程的学习之后，进入医院面对患者，对各种各样的医学人文问题就会有更深的体会。

**谭杉杉：**您在讲座中提到医生接受的客观专业训练和作为个体的主观判断在一定程度上是矛盾的，"平行病历"强调共情，这种共情是否会放大"主观"的这一面，进而干扰医生的诊疗判断和诊疗方案？

**郭莉萍：**我觉得对我们刚进入到临床的同学们来说，主要的工作并不是直接面对患者，提供诊疗方案，而是与患者和家属沟通、反馈病情、告知签署手术同意书等，他们比主治医生跟患者的接触更多，也很容易同情患者处境。我们看过这样的例子，医学生初次接触患者，然后在治疗患者的过程中投入了很多的心血，陪伴着患者接受一次、两次、三次甚至更多次的治疗，然而患者最终还是去世了。这个医学生是很痛苦的，但是我们觉得这不是坏事，这是一个医者必经的过程，他必须要有这种能够承受痛苦的能力。关于"共情"，我不是太同意你刚才的说法，因为我们国内外的医学界达成了共识，"共情"是医学院培养的重要目标之一，甚至可以说，能够具有"共情"意识是医学教育是否成功的标志之一。

十几年前我们刚开始跟医学生讲"共情"的时候，有的学生说"共情"就是"跟病人抱头痛哭"，这会让我很痛苦，我不想了解它。我们在授课的过程中帮助学生认识到"共情"并不仅仅是一种感知情绪的能力，它也是一种认知能力。虽然在医学教育里面，"共情"被当作一种情感能力，但我觉得它更多的是一种认知能力。现代心理学认为"共情"

可以分为"认知共情"和"情感共情"两种，研究表明这两种共情是不能分开的。"认知共情"是指识别他人情绪、理解他人观点的能力；而在理解和识别他人情绪的同时，又对他人的情绪感受产生共鸣，即"情感共情"。"认知共情"侧重于对情绪状态的推理与判断，而"情感共情"则主要是对他人情绪状态的感受和体验。因此，"情感共情"可以看作是"认知共情"的深入，是对情绪状态判断推理后所产生的感同身受的情绪反应。同时具有这两种共情能力，是"理想医生"具备的基本素养。

谭杉杉：“理想医生”是大众对医生的期许，您曾经利用小红花模型对残雪的《赤脚医生》进行了新的解读，认为残雪在小说中塑造了一个理想的医生形象。患者心中的"理想医生"和医生心中的"理想患者"并不在一个轨道上，经由叙事医学能否达成二者的同频共振？

郭莉萍：我觉得叙事医学在一定程度上是能够做到的。我曾经读到一篇文献综述，主题就是患者眼中的好医生是什么样的？患者眼里的好医生就是能跟患者好好地交流，能理解你的情感，能做一些让患者感觉到被关心的小事儿。绝大多数的患者缺乏医学专业知识，对医生到底运用了什么医学专业知识给他做了哪方面的治疗，他们没法判断，他们只能根据医生对患者的态度来判断好坏。再举一个例子，大概两年前我指导学生做毕业论文，研究互联网"好大夫在线"医疗平台上的正面评价。"好大夫在线"平台针对每一家医院都设置了"好评墙"，这个学生整理了北京69家三甲医院的"好评墙"，共得到85 000多条好评，通过对大量数据进行分析后，发现好评中最高频的词是"耐心""细致"等。再进一步对好评进行分类，分成沟通态度、沟通能力、专业能力、性格特征等几个类别，表扬最多的是沟通态度和沟通技巧，其次才是业务能力，对专业能力的评价仅止于"精湛""优秀"诸如此类非常普泛的词。这篇论文得出的结论和我刚才说的观点是一致的，大众心目中对"好医生"的要求就是耐心、专心，能够理解你，能够共情到你的难过和不容易，真的仅此而已，因为大众毕竟无法判断医生的专业能力。残雪小说中塑造的"医生"基本上符合我们大众对于"理想医生"的想象，因为残雪自己也当过一段时间的赤脚医生，她根据自己的经验塑造了这样一个成功的医者形象。

至于"理想患者"，医生每天都要诊疗很多患者，时间有限，他们希望患者在看病之前先把自己的想法梳理一遍，比如自己的发病时间、病情发展状况以及想从医生那里得到什么反馈等等，这样在和医生面对面时就能最大限度地提高看诊效率。因为医生接受的训练使他思考问题是有序、有条理的，所以他希望患者也能像他那样理性，在诊疗过程中最好不要说废话，也不要浪费时间，更不要说"生病就是报应"这样的无稽之谈。综合来看，医生和患者其实不在一个频道，医生接受的教育使他认为只有一种逻辑机制，叙事医学所能做的，就是让医生理解患者的逻辑，共情患者的无助和痛苦，医生必须明白患者看似无意义的个人自述，关于自己情绪的表达是很重要的，医生要最大程度上去理解患者。所以我们不是说理想的患者就是得遵循医生的逻辑思维，而是必须有条理，理性清晰地陈述自己的问题。追根究底，无论是理想医生还是理想患者，都需要站在对方的立场上去思考问题、呼唤共情。

**谭杉杉**：现实的困难性在于实际的医疗资源非常紧张，医生的时间有限，尤其是门诊部的医生更是时间紧张，我们在医院经常看到的场景是一个诊室门口大排长龙，在喧闹、拥挤的氛围中医生很难做到耐心倾听。

**郭莉萍**：我们大家去的医院都是国内最好的三甲医院，它的门诊量确实很大，但是无论多么繁忙，医生有叙事医学的意识很重要。比如医生问诊总共3分钟，医生能不能让患者先讲1分钟，然后在耐心倾听的过程中细读患者说的话，医生就能知道他最担心的是什么，然后有针对性地回答他最担心的问题，这样的话其实可以节约看诊时间，减少不必要的纠纷。现实情况是患者没有这个1分钟，有些医生只是例行公事地提问，就像有的医生嘲讽地说："患者就坐在你面前，还要询问她的性别。"这不是太可笑了吗？叙事医学就是要让医生知道坐在你面前的是一个活生生的人，用对待一个人的方式去对待患者，这一点听起来觉得很简单，但实际上有的医生还是不能做到这一点。

现在很多医院也认识到，门诊可以这么做，住院部则要充分发挥护士的作用。我们去年发布了《中国叙事医学专家共识（2023）》，其中一条明确指出叙事护理是叙事医学不可或缺的一个部分。其实我们很多医院的大量叙事工作都是由护士承担的，护士们跟患者特别是住院患者接触的时间很长，我们要运用叙事医学去培养护士言语关怀的能力，引导他们跟患者建立有效关联，这对医院的有效运行也特别重要。除了医生、护士，现在很多医院的临床药师也学习叙事医学，医院会面对不同的患者，只要重视叙事医学，医院的不同部门在不同时间都可以做医学人文方面的尝试，关键在于领导要有这个意识。

**谭杉杉**：您觉得叙事医学对人文学科来讲，最大的意义和价值在哪方面？

**郭莉萍**：我觉得叙事医学最大的意义和价值在于让人们感觉到人文学科除了提供一种情绪价值，提供一种价值观的引领，我们还能让人文真正地落地，让大家看到人文可以服务于社会大众。叙事医学能让老百姓真正地感觉到人文研究是有意义的。以往的人文研究往往是我们选择一个课题，做了相关研究，发表了论文，这个课题就结束了，但是我们医学人文和叙事医学能够帮助医生看到病痛背后的"人"，使他们具备吸收、解释、回应故事和其他人类困境的能力，从而提高对患者的共情能力、可信赖程度，进而反思自己，重塑职业道德，如此一来，人文研究才真正落地了，我觉得这就是医学人文的意义。

**谭杉杉**：您如何理解"新人文"，对"新人文"又有什么期许？

**郭莉萍**：我查阅了"新人文"研究中心的网页和相关报道，目前国内还没有其他的学校或者研究机构提倡"新人文"。"'新人文'注重学科跨界和融合、理论与实践结合，探索人文学科研究的新领域（对象）、新方法、新话语"，我觉得这个总结特别好。因为不是解决各种问题就能实现人类的福祉，人文学科更需要做的是引领人类未来的发展方向。在当今国际国内形式下，基于教育部提出的"新文科、新医科"理念，人文学科一直在求新求变，无论是数字人文还是医学人文，我觉得大家都是在同等的领域去研究相同问题，都在用自己的方式努力。我认为"新人文"就是新文科的一个具体的、现象性的建构，在这个过程中，关注新历史条件下的"人"，反思现代性，把各个学科整合到一起，我觉得真的是可以起到一种领导方向的作用。

# 新人文·新视域·新方法

# 从中西人文精神的异同看文艺的定位

邓晓芒*

**摘要：** 中国传统人文精神起源于《易经》的"观乎人文，以化成天下"，是一个政治伦理的实践概念，文艺在其中只是一个副产品或工具，且受到诗教和乐教的道德限制。西方人文精神则形成于文艺复兴时期，具有自然科学的理论基础，它突破基督教的神本主义，而展示了个人主义和人道主义的思想内涵，但仍然受到科学理性本身的限制。正如中国五四新文化运动冲破传统典章制度的观念束缚而以西方的自由、平等、博爱刷新了人文精神的含义，20世纪80—90年代的新时期文学创作进一步解放了作家个人的独创性，展示了新人文精神未来的方向；同样，西方一百多年来的现代文艺思潮也将人文精神扩张到超出科学理性的局限，而使人性在审美活动的自由感中得到最大的伸张。中西人文精神殊途同归的这一艰难历程表明，文艺创作的繁荣才是人文精神的最终标杆。

**关键词：** 人文精神　化成天下　文艺复兴　科学理性　文艺创作　自由感

当今时代，科技发达，日新月异，人类物质生存条件得到了史无前例的改善。但令人担忧的是，人文环境并没有展示出相应的进步，在一

---

* 邓晓芒，华中科技大学哲学系教授。

些场合下，反而随着物质生活的繁荣而呈现出下滑的趋势。为了对抗这种下滑，有识之士近百年来耗费了无数的精力鼓吹人道主义的情怀，批判人文精神的失落。但究竟什么是"人文精神"，论者不见得都搞得清楚，这就使他们的努力往往付诸东流。带着这一问题，我们先来看看中国的人文精神。

## 一、中国传统人文精神

汉语中的"人文"一词，首见于《易经·贲卦》。象传曰：

> 刚柔交错，天文也；文明以止，人文也。观乎天文，以察时变；观乎人文，以化成天下。

按照陈鼓应和赵建伟的解释，这意思是："阴阳刚柔相互错杂，构成自然物象景观；文明约束人类行止，构成社会典章制度。观察自然物象，可以察知时序变化；观察社会典章，可以化育成就天下之人。"[1]这里，天文、文明、人文三个词，呈现出逐级下降的层次。但什么是"文"呢？许慎《说文解字》曰："文，错画也，象交文。"也就是文字符号。从文化人类学的眼光来看，"文"的本义是"文身"，即原始人在自己身上刺画花纹，这在早期甲骨文和金文中都有反映，即"文"字表示人的身体，中间加一点，象征着文身之人，其含义为"装饰"。[2]贲（bì）卦之"贲"字，上面是花卉，下面是贝壳，本身就是装饰的意思。可见，在中国古人的理解中，天文、文明和人文三个逐级下降的词其实是由下而上地形

---

1　陈鼓应、赵建伟注译：《周易今注今译》，商务印书馆，2007年，第212页。

2　朱狄：《艺术的起源》，中国社会科学出版社，1982年，第153页。

成起来的, 即先有"人文"("人纹"), 它由早期原始人类出于巫术观念在人体上的刺画装饰, 扩展到对社会生活的装饰即"文明", 再扩展为整个自然界的秩序, 即"天文":

> 即是说, 只有当"文"已由文身的特定含义推广到社会生活的各个领域中之后, 才可能进一步推广到自然本身上去, 把自然对象固有的色彩、线条、形状和音响也看作一种"文饰", 即一种外加的审美形式。所以, 在中国美学思想中, 不是"人文"反映了"天文", 反倒是"人文"推广而为"天文"。[1]

马克思所说的"人的本质力量对象化"和"对象的人化"就揭示了天文产生于人文这一辩证结构。人在原始生产劳动中所装饰的第一个对象就是人自己的身体; 但之所以要"推广"到其他对象上去, 以至于成为整个自然界的"天文", 是因为这种人文的装饰并非随意在身上化妆涂抹, 而本来就是要与外界的他人达成某种共识和沟通, 以形成可辨认的符号或具有公共性的"语言"(即"身体语言")。这种公共语言通过移情或拟人(布留尔所谓的"互渗律")而扩展到整个社会, 以至于整个宇宙, 从而成为"天经地义"的"典章制度"。就此而言, 我们可以把《易经》中有关"天文"和"人文"的思想看作是中国古代最早的"人文精神"的标志。国内学界近些年来一直流行着一种说法, 即中国文化最基本的精神就是"人本主义"或"以人为本"的思想。例如北京大学哲学系教授楼宇烈先生在《中国文化的根本精神》一书中就明确指出, 与西方文化相比, 以人为本的人文精神是中国文化最根本的精神, 也是最

---

1　邓晓芒、易中天:《黄与蓝的交响——中西美学比较论》, 武汉大学出版社, 2007年。

重要的特征，甚至就连西方近代的人文精神都是从中国传过去的。[1] 除了最后一点仅凭传教士和启蒙思想家如伏尔泰等人推崇中国文化的只言片语而推出"西学中源"的结论，似乎有点过于想当然之外，大体上似乎也还说得过去。但这种粗糙的概括没有区分出"人文精神"概念的不同种类和层次，更缺乏历史发展变迁的眼光，多半停留于事情的表面，很难深入到实质性的层面。我们现在需要做的是，在当代国际视野背景下，对于中国传统人文精神进行一番更为细致的理论分析和历史追溯。

当然，《易经》作为一部卜筮之书，在某种意义上的确是"以人为本"的，即最终是为了人在现实生活中如何趋利避害的一套指导或暗示。不论是"观乎天文"还是"观乎人文"，当它把这一切都解释成是为了"化成天下"这一有利于人类的伦理和政治目的时，它便给中国传统文化在形而上学的层次上定了型，并由此构成了中国传统"伦理学之后"的形而上学模型。[2] 然而，这虽然造就了中华文明基本的人文精神模式，但这种模式并非唯一可能的模式，也不见得是最高的模式。至少，它导致了两方面的限制。一方面，它选择了"伦理学之后"的形而上之道（"形而上者谓之道，形而下者谓之器"，《易经·系辞上》），却错失了西方形而上学的"物理学之后"的维度，使"天文"仅限于为中国传统伦理秩序提供自然的隐喻模型，而不具有自然科学的独立的含义；另一方面，也使这一极具审美意味的隐喻局限于政治伦理教化的狭窄范围，以"乐通伦理"和"文以载道"的方式成为中国诗学和文学的官方定位，同时却又成为诗学努力想要突破（由"诗言志"突破到"诗缘情"）的外

1　楼宇烈：《中国文化的根本精神》，中华书局，2016年，第169页。

2　关于中国"伦理学之后"与西方"物理学之后"之别，以及在"语言学之后"的基础上重建形而上学的设想，参看拙文《当代形而上学的重建》，载《探索与争鸣》，2019年9-10期；以及《作为"伦理学之后"的"三玄"》，载《道德与文明》，2021年第2期。

部桎梏。所以，在正式的官方表达中，"文明以止"的"人文"主要的作用就只能是"化成天下"，就是说，只能是用一套既定的"典章制度"来规范、感化那些不懂得遵守秩序的野蛮人，使他们知道什么是可以"行"的，什么是必须"止"的，形成遵礼守法的习惯，这才能成为"文明人"。所以《诗经·小雅》中说"高山仰止，景行行止"；《大学》也讲"止于至善"，都是描述和规范了一个文明社会最高的"做人"境界，即对于伦理规范如同高山一般仰望和驻足，不逾越至善之正道。这对于周边那些还处于茹毛饮血的野蛮阶段的原始部落来说的确体现了文明社会的"天朝气象"。所以，中国传统理解的人文精神就是道德精神，"人文"就是对人的行为的规范和装饰，基本上是一个实践性的概念，附带有对审美观念的利用。可见，虽然人文起源于装饰和审美，但其一旦形成居高临下的制度，却往往把这个起源遗忘了。

## 二、西方近代人文精神

再来看看西方人文精神的情况。在这里，不可能有如同中国人文精神那样的道德政治含义，它不是用来"化成天下"的一套规章制度，而是一种个人修养；这种个人修养又是着眼于全人类的精神共同性的。西文"人文精神"即humanism，又译"人文主义""人道主义""人本主义"，词根源自拉丁文humanus=homo，即"人""人性"。这种人文精神兴起于15世纪欧洲的文艺复兴，是在基督教的长期精神压抑之下对教会精神桎梏的突破，具有个人主义和人道主义觉醒的本质特征。文艺复兴反对基督教神本主义的一个最强有力的理由，就是要回到基督教之前的古希腊罗马文化，那时的人还没有受到基督一神教的强制性洗脑，而保持着一种文明上升时期的生动活泼的活力，充满着对人类普遍价值以及个人尊严和命运的自由思考。这些思考并不受统一的宗教教条和教义的规范，而是发散性的、无拘无束的；也不以道德上的天经地义而自居，而是具有对人自身的不完满性的清醒意识，同时为理想人格的追求留下了充分的余地。到了文艺复兴时期，这种致力于普遍人性的探索和思考更是以思想自由、自我反思和宽容精神成为当时一个有文化的人的基本教养。"我是人，人所固有的我无不具有"，这句马克思所推崇的名言正是那个时代蔚为风气的写照。[1]

可以看出，在西方人文精神里面，缺乏中国式的"天人合一"的自信，有的只是人对自然界的充满兴趣的观察和好奇。这不是一种实践力行的态度，而是一种理论探讨的态度，即想要搞清楚上帝在创造自然界（包括人自身这个自然物）时所依据的原理是什么。在这种十分天真、充满童趣的眼光下，没有权衡利弊的机心，也没有忧国忧民的抱负，我们甚至不能说它是"以人为本"的（如同中国的人文精神那样），因为"人是什么"在这里还不是可以依据的"本"，而只是一个有待于深入的问题，因而"人之本"仅仅体现为一种对"真理"的坚持不懈的追求，以及与自己拉开距离而"认识你自己"的努力。它不是一个既定的立足点（如"诚"，"诚者天之道也，诚之者人之道也"，《孟子·离娄上》），而是一个不断反省并力求有所发现的过程，所以说人心是一个"无底深渊"（奥古斯丁）。在这里，天人合一，或人和自然（以及神）的统一，不是起点，而是一个永远无法达到却激励着人不断去接近的终点。而在此过程中，人时刻提醒自己意识到与生俱来的有限性，以及在无限上帝面前应有的谦卑，这种谦卑不仅不会令人绝望而停止努力，反而会在人们对自然万物的探索中，在不断有所发现、有所发明的成就中，激发起

---

1 这句名言出自古罗马喜剧作家泰伦斯（前185-前159）。

他们献身于这一崇高事业的极大的热情。

所以，西方人文精神所带给人的"教养"就不是如同中国人文精神那样一种礼貌和礼数，一种待人接物上的"温文尔雅"，而是一种在理性思维上训练有素的"学养"。它即使表现为行为举止的节制和言谈上的优雅，也不是从小调教出来的习惯性的循规蹈矩，而是在追求知识和法则时所形成的一种客观冷静和乐于合作的风度，因而在待人接物上时常表现出一种轻松的幽默（这是传统中国人很难体会得到的）。这也是西方的贵族教育和中国的士大夫教育的不同之处，如柏拉图学园门楣上写着"不懂几何学者不得入内"，中国的书院门口（如岳麓书院）匾额上题的则是"德配天地，道冠古今"。当然，两者也有相同的地方。正如中国传统诗教和乐教作为一种为礼教服务的辅助手段而为教育者所提倡，古希腊教育项目中荷马史诗和音乐也是必修课。但正如中国的诗歌和音乐在超出礼教而主张自身的独立性时即被官方所压制而走向衰落，从孔子崇雅乐、放郑声，以至于秦以后乐教失传，直到宋明道学家把作诗斥为不务正业；同样，柏拉图也以伤风败俗为由而对非理性的酒神音乐大加贬斥，甚至还因作品由模仿而导致的虚假不实而主张把诗人赶出"理想国"。只不过从本质上看，诗歌和音乐被贬，在中国是因为情感的自由抒发损害了礼仪的严肃性，而在西方则是因为扰乱了理性的沉思而无法观照理念世界。因而，在这两种对文学艺术的压抑之下，中西人文精神各自都走向了自身的异化，一个是由于僵死的典章制度对人性的束缚，一个则是由于超越的理性规范对自由情感的取消，双方由于不同的理由都抽空了人文精神的实质。但这恰好也反过来说明，衡量中国和西方人文精神盛衰的标杆都在于文学艺术的繁荣，缺乏这种繁荣，即使"天下"都被天经地义的典章制度所"化成"，或者万物都被理性的科学逻辑所规范，也都不能被看作一个人文精神的盛世，而是一个人人都被物化或异化的末世。秦帝国一统天下，"书同文，车同轨"，全国统一实行郡县制，可以说在典章制度上已经"化成天下"了，但按照谭嗣同的评价竟然是："两千年之政，秦政也，皆大盗也。"（《仁学》）谁能说它有半点人文精神？反而是国破身亡的屈原，以其《离骚》而成千古绝唱。[1]而西方现代科技的发达、特别是AI技术的兴起，却成了文艺创作的杀手，随之而来的是"世纪末"的恐慌，人文精神面临被量化和非人化的危机。

# 三、通往新人文精神之路

由此观之，我们今天对"人文精神"的理解必须从中西传统的理解提升到一个新的层次，可称为"新人文精神"，它既不局限于道德政治的实践精神，也不受制于科学知识的理论态度，而是应从这两种人文精神中历来被视为副产品并被竭力控制在一定范围内的文学艺术中，使审美的态度超拔出来，提升为最高等级的核心价值标准。因而，一个时代、一个民族在人文精神上所达到的程度，最终要看它在文学艺术上所占据的高度，它标志着这个时代、这个民族的人性的自由度。这种人性的自由度当然与政治伦理上的公序良俗分不开，也与认知上的科学开明有密切关系，但归根结底不能单由这些外在的标准来衡量，还要由人的"自由感"在文学艺术上的伸展度来衡量。这就是西方近代人文精神在初创时为什么要以"文艺复兴"（而不是"科学复兴"或"认知复兴"）来命名的缘故。但中国自先秦以来即已定型的人文精神则缺乏这种自觉，直

---

1　鲁迅将司马迁的《史记》称为"史家之绝唱，无韵之离骚"，可以看出他衡量人文精神是以诗歌为标杆的。

到五四新文化运动引进了西方的自由、平等、博爱的价值观，以及"德先生"（民主）和"赛先生"（科学）的治国理念，才极大地动摇了中国传统用来"化成天下"的那一套典章制度和伦常观念，而在中国奄奄一息的人文精神中造成了一次类似于西方近代的"文艺复兴"。但这次文艺复兴并未真正改变中国传统人文精神的既定结构，它只是这种既定结构在民族存亡的危机时代中、在各种新问题的逼迫下所擦出的思想火花，仍然只能看作传统"家国天下"的人文精神的副产品，顶多是昙花一现的"中间物"（鲁迅），而不是新人文精神的代表或标志。一旦危机过去，一切又复归到了原来的轨道，无非是"数风流人物，还看今朝！"

　　真正能够充当中国新人文精神标志的中国当代的文艺复兴，体现于20世纪末文学创作前所未有的高潮中，其顶尖的代表就是80年代的"朦胧诗"和90年代的先锋小说，这股文学思潮挟中国现代"第二次启蒙"的时代雄风而登上文坛。遗憾的是，这次文艺复兴（或不如说"文学复兴"）仍然表现出某种观念上的先天不足，除了少数几个诗人和作家（如北岛、莫言、史铁生、残雪等）具有了新人文精神的理念外，通常都在"寻根"的传统惯性中迷失了自己的方向。进入21世纪，在网络文学的冲击之下，严肃文学陡然降温，新时期文艺复兴的思想成果未被广大民众接受，中国的新人文精神仍然显得是一个可望而不可即的理想愿景。但毕竟，中国新人文精神的倡导者和实践者已经开始意识到，国人两千年来陈旧的人文理念和文学观念已经不再能够延续下去了。如"文革"时期一派"正能量"的"样板戏"试图以单一固定的政治模式来"化成天下"，不论它们涂上多么厚的现代或西方的时髦油彩，如钢琴伴奏或舞台灯光等等，也不过是下葬之前的化妆，不再具有生命力。人们必须从根子上重新检讨，文艺的本质是什么，人性的本质又是什么。激发起这种反省意识才是这次文艺复兴最重要的理论成果。

就西方近现代文学艺术来说，19世纪末以来，艺术家和作家们已经从写实主义和现实主义的模仿论旧框框中走出来，各种流派的文艺作品异彩纷呈，展示了更加广阔的自由创造的天地。这一新的高峰不再是文艺复兴，而是完全的文艺创新。但在其兴起之初，各种探索也是受尽了传统眼光、包括文艺复兴时期所形成的文艺眼光的歧视和打压，经过20世纪哲学家和美学家们（如胡塞尔、海德格尔、萨特、伽达默尔等）对传统科学主义偏见的群起而攻之，才为这些创新从理论上清除了理解的障碍，被广大受众所公认和接受，最后居然成为新的经典，如凡·高的画、邓肯的现代舞、荷尔德林的诗、卡夫卡的小说等等。正如乔治·斯坦纳（George Steiner）在《真实的表象》中说的，"艺术在整个历史中本身就是一种对话形式"，甚至"艺术是人类对话的主要工作，人类对话借着艺术成为通向真理和美的路径"，"科学中或许存在永恒真理，然而虽说我们本身不会永远活着，'快速昭示瞬间和永恒之间连续性'的美学真理却具有一种形而上学的共鸣"。[1] 这种对话的形而上学，我把它命名为"语言学之后"，这是对当代人文精神最经典的描述。

检视中西文学艺术和诗性精神的这一跌宕起伏的艰难突围的历程，使我们对人文精神的理解具有了层次更深也更为丰富的内涵。我们现在可以看出，中西人文精神的核心是一个以文艺创作和文艺理论上的开拓为先锋的不断创新和发展的过程，它们虽然在出发点上有所不同，一个是政教伦理，一个是自然物理，却绝不是作为副产品，而是殊途同归，在超越"伦理学之后"和"物理学之后"的"语言学之后"这一新型的形而上学维度上，以自己大批优秀的作品为标杆，共同展现了当代新人文精神的方向。

---

1　彼得·沃森：《虚无时代：上帝死后我们如何生活》，高礼杰，译，上海译文出版社，2021年，第525页。

# "新人文"视阈下重读但丁

曾艳兵[*]

**摘要:** "新人文"是相对于传统人文或"旧人文"而言的。在当今科技迅猛发展，尤其是数字技术迅猛发展的背景下，传统人文受到挑战和刺激，因此重新思考和调整科技和人文的关系就显得至关重要了。在科学主义、理性主义、消费主义、人工智能盛行的今天，我们为什么还愿意读《神曲》？我们已经不相信地狱、炼狱和天堂，但我们为何还可以相信但丁的《神曲》？这应该就是"新人文"应该思考和讨论的问题。但丁的伟大和卓越毋庸置疑，但同时但丁的局限和缺憾也显而易见。从"新人文"的视阈来看，但丁最初的问题在于他的自傲和偏激，而他最大的缺憾恐怕就是他的短视和偏见了。由于历史原因但丁没有摆脱他的短视和偏见，但最后却因为他的短视和偏见忠实于历史，其作品的意义和价值反而超越了历史，成为划时代的文学经典。

**关键词:** 新人文 但丁 自傲 短视 偏见

在科学主义、理性主义、消费主义、人工智能盛行的今天，我们为什么还愿意读《神曲》？这就是我们今天所说的"新人文"应该思考和讨论的问题。"新人文"当然是相对于传统人文或"旧人文"而言的。在

---

\* 曾艳兵，中国人民大学文学院教授。

当今科技迅猛发展，尤其是数字技术迅猛发展的背景下，传统人文受到挑战和刺激，因此重新思考和调整科技和人文的关系就显得至关重要了。我们已经不相信地狱、炼狱和天堂，虽然我们见过或者听闻过"人间地狱"，但似乎没有人见过"人间天堂"，天堂离人类已经越来越远，然而，我们为何还可以相信但丁的《神曲》？《神曲》中有些观念和描述已经过时，那么它们的意义和价值何在呢？《神曲》中许多人物与我们现实生活已经没有什么关系，甚至毫无关系，那么，这些人物形象还能继续给予我们启示和启发吗？但丁的人文主义属于传统人文主义，或者说属于旧人文主义。这种传统人文主义在"新人文"视阈下是否依然有意义？是的，德国当代学者古茨塔夫·勒内·毫克指出，《神曲》从来没有像近20年这样受到新颖的、深刻的、心领神会的关注。"在他的这部作品中，人们可以找到今天仍然适用的绝对的神学美学的'象征'和'形象'。对于现代意识来说，《神曲》超过了荷马、维吉尔、莎士比亚和歌德，它成为完满综合的审美价值的宝库。"[1]但丁的《神曲》堪称完美。

但丁的伟大似乎无论怎样赞美和歌颂也不为过。恩格斯说过一句名言："他是中世纪的最后一位诗人，同时又是新时代的最初一位诗人。"[2]这句话可谓家喻户晓，充分说明了但丁的时代意义和跨时代价值。黑格尔在《美学》一书中对但丁的《神曲》给予了极高的评价。他说："但丁的《神曲》是这一领域中最纯真，内容最丰富，表现中世纪天主教特色这一伟大题材的最伟大的史诗。这部结构谨严的作品固然不是一部寻常意义的史诗，因为没有贯穿全诗广阔基础的本身完整的动作情节，但是

---

1　古茨塔夫·勒内·毫克:《绝望与信心——论20世纪末的文学和艺术》，李永平，译，中国社会科学出版社，1992年，第202-203页。

2　恩格斯:《共产党宣言》(1893年意大利文版序言)，载《马克思恩格斯选集(第1卷)》，人民出版社，1972年，第249页。

实际上它并不缺乏既坚实而又融贯完整的结构。它的对象不是某一个特殊事迹，而是永恒的动作，绝对的目的，显现于不朽事迹的上帝的慈爱；它的场所是地狱、炼狱和天国，人类的行动和遭遇的世界，特别是个别人物的行动和命运，都沉没在这个永恒不变的客观存在里。"[1] 瑞士著名学者布克哈特在《意大利文艺复兴时期的文化》一书中写道："但丁，甚至在他活着的时候就被某些人称为诗人，被另外一些人称为哲学家，还被另外一些人称为神学家。在他的一切作品中洋溢着个人的力量，使读者除对主题感到兴趣之外，不禁为之神往。《神曲》这一篇长诗的前后一致和完整无瑕的精心结构应该需要一种多么坚强的魄力啊！"[2] "他（但丁）在嘲笑的语言上把世界上所有其他诗人远远抛在了后边，而即使单就他对于欺诈者的巧妙的描写而言，他也可称为大喜剧的第一流大师而无愧。"[3] 诺贝尔文学得主、英国诗人兼评论家艾略特对但丁则有更高评价："莎士比亚所展示的，是人类感情的至广；但丁所展示的，是人类感情的至高和至深"。[4] 在艾略特看来，但丁的伟大超越了"作为经典的经典"作家莎士比亚，似乎已经没有了边界。

不过，但丁固然伟大，但也并非完美无缺，尤其是在"新人文"视阈下重新审视但丁，但丁的局限和缺憾立刻就显现出来了。当然，因为但丁的局限和缺憾打上了时代的烙印，因此这种局限和缺憾也并非没有意义。但丁非常自信、非常骄傲，这些自然并非缺点，但假若这些自信和自傲发展过头了，就会演变成某种缺点或者缺憾。譬如，他颇有些自

---

1　黑格尔：《美学（第3卷下）》，朱光潜，译，商务印书馆，1979年，第179页。

2　雅各布·布克哈特：《意大利文艺复兴时期的文化》，何新，译，商务印书馆，1979年，第131页。

3　同上，第151页。

4　参见但丁：《神曲·译者前言》，黄国彬，译，外语教学与研究出版社，2009年，第12页。

满与傲慢、自恋与偏狭、无理争三分、得理不饶人，这日后给他惹来诸多麻烦，并影响到他的思想和创作。1304年的但丁，"性格粗粝，因饱受不幸而心怀怨恨、傲慢、轻视一切，深信自己的才能，一心想获得认可，但同时又倾心于诗歌，认为有义务为之服务"。[1] 但丁甚至听不得不同意见。他在写下《论俗语》后声称，"若有谁不同己见，便不值得一答"。在《飨宴》中他则说，对待某对手的唯一方式便是以匕首相待。[2] 到末了，但丁自己也意识到了这种傲慢，他在《天国篇》里借神鹰之口批评了"但丁"的傲慢："且问你是何等样的人呢？竟然／高高坐在审判者的位子上／从千里之外，用短浅的目光判断？"[3] 长期以来，佛罗伦萨（Firenze，徐志摩译为"翡冷翠"）人怎么也不肯接纳这位傲慢怨恨的老乡。但丁在佛罗伦萨一直以来并不怎么受尊重与推崇，直到1803年佛罗伦萨才为但丁建立了纪念碑。"在意大利，但丁久已遭遗忘。阿尔菲里（Alfieri）断言，读过《神曲》的意大利人不超过三十人。据司汤达讲，1800年前后，意大利人对但丁还鄙夷不屑。后来，意大利复兴运动'唤醒'了但丁"。[4] 歌德对但丁的评价有些摇摆不定。他说："我真觉得《地狱篇》面目狰狞，《炼狱篇》含糊不清，《天国篇》无聊透顶。"又说："但丁的巨大声誉让人反感，且往往耸人听闻。"[5] 黑格尔就曾指出，但丁是一位"最大胆的诗人"，他在"上帝的名义下""对全部过去和现在进

---

1　芭芭拉·雷诺兹：《全新的但丁：诗人·思想家·男人》，吴健、张韵菲，译，黑龙江教育出版社，2015年，第83页。

2　同上，第430页。

3　但丁：《神曲·天国篇》，田德望，译，人民文学出版社，2002年，第122页。

4　恩斯特·R. 库尔提乌斯：《欧洲文学与拉丁中世纪》，林振华，译，浙江大学出版社，2017年，第482页。

5　同上，第480页。

行了谴责或祝福"[1]。这种傲慢与偏狭逐渐积累，便形成了但丁的短视和偏见。

但丁从一出生便颇有些自命不凡。我们知道，但丁是意大利托斯卡纳（Toscana）郡人，1265年5月下旬生于意大利的佛罗伦萨，属双子座。托斯卡纳是意大利中部大区，这里被称为华丽之都，具有丰富的艺术遗产和极高的文化影响力。但丁同时代的诗人福戈尔·达·圣吉米尼亚诺（Folgore da San Gimigniano）在一系列十四行诗《12个月之花环》中为托斯卡纳地区的社会生活描绘了一幅绚丽的图画：1月屋内生火取暖、火把照明，床上铺着丝绸床单和毛皮的盖被。2月追猎兔子、鹿、野猪后，猎人们脚蹬半筒高靴、身穿紧扣的短上衣凯旋而归，开怀畅饮，仆人们背着猎物。3月下河捕鱼，有七鳃鳗、鲑鱼、鳗鱼、鲑鳟鱼、鲟鱼。4月在泉边草地上，在女人们的相伴下，开展各种运动娱乐：有西班牙驯马，这是法国最新的时尚娱乐，有普罗旺斯风格的歌唱和舞蹈，有德国进口的最新乐器伴乐。5月是举办各种赛事的月份，女人们在四周围观，并兴高采烈地拥抱胜利者。6月，水果成熟了，有柠檬、橘子、枣子。男男女女在树荫下伸开四肢闲适地躺着。7月，人们从地窖中取出托斯卡纳葡萄酒，加上冰，一边畅饮，一边大快朵颐：享用肉汁烹调的鲜美的松鸡和公鸡肉，大蒜风味的小牛肉。8月，为了避暑，人们进入山间，整天骑马享乐。9月，带上猎鹰、灰背隼、食雀鹰或猎狗去打猎。10月、11月和12月，人们待在温暖的屋中饮酒、烤火，吃烤全猪。[2] 如此看来，佛罗伦萨人生活优裕、自视甚高、情趣盎然、体魄健硕，除了吃喝玩乐几乎什么也不干。

---

1 黑格尔：《美学（第3卷下）》，朱光潜，译，商务印书馆，1979年，第180页。

2 芭芭拉·雷诺兹：《全新的但丁：诗人·思想家·男人》，吴健、张韵菲，译，黑龙江教育出版社，2015年，第22—23页。

　　但丁自称是古罗马人的苗裔，出身城市小贵族，这多少还是有些依据的。"他高祖的血统可以追溯至埃利塞（Elisei）家族，据说该家族是当年佛罗伦萨创建者之一。这位杰出的祖先卡恰圭达（Cacciaguida）生于11世纪末期，是佛罗伦萨人……他的妻子，阿利吉耶拉·阿利吉耶里（Alighuera Alighieri）来自波城流域，可能是费拉拉城（Ferrara），一些后裔随了她的姓。该姓源自拉丁文'aliger'，意为'有翼的'。但丁的教名也源自其母亲的家族，是'杜兰丁'（Durante）的简写，表'隐忍'之意。古老的血统——无论是源自古罗马以及意味厚重的姓名，必然在但丁心中激发起强烈的宿命感"[1]。但丁的高祖父卡恰圭达（Cacciaguida）跟随神圣罗马皇帝康拉德三世参加第二次十字军（1147—1149）战争，战死在圣地。但丁在《天国篇》第15章中写到了这位先祖，他的光像那座十字架上的一颗星，落到星座上与但丁见面。他对但丁说："我的儿子是你祖父的父亲，你的家族的姓氏起源于他。"但丁对自己祖先昔日的荣光念念不忘，并引以为豪。但丁相信自己日后也一定会成为一个伟人。在《神曲》中，维吉尔带领但丁来到林伯，在这里他见到了荷马、贺拉斯、奥维德和卢坎的灵魂，他们都是但丁极其敬佩的伟人。维吉尔的魂灵原本也在此地。但丁想象自己日后也能够被这五位伟大的古代诗人接纳为其中的一员："此外，他们还给了我更多的荣誉，因为他们把我列入他们的行列，结果，我就是这些赫赫有名的智者中的第六位。"[2]但丁相信自己与这位五位圣人将一起组成"六圣"。这一点日后对巴尔扎克影响巨大。据说巴尔扎克曾经认为，当今世界将会有四个伟人：第一个是拿破仑，第二个是居维叶，第三个是奥康瑙尔（宪章运动的领袖），第四个是谁

---

[1]　芭芭拉·雷诺兹：《全新的但丁：诗人·思想家·男人》，吴健、张韵菲，译，黑龙江教育出版社，2015年，第1页。

[2]　但丁：《神曲·地狱篇》，田德望，译，人民文学出版社，2002年，第21页。

呢？那就是巴尔扎克自己。巴尔扎克相信自己能够"用笔完成拿破仑用剑所未能完成的事业"。

但丁出生之前，他母亲做了一个梦，"看见自己躺在一棵高大的月桂树下……在那里，她感觉到自己生下了一个男孩"。但丁的父母于是给这个新生儿取名"但丁"（Dante）。这个名字来源于一个拉丁名字"Daphne"，该词在罗马神话里暗指一位女神（达佛涅）化身为月桂树的故事。因为阿波罗爱上了达佛涅，展开疯狂追求，达佛涅无处可逃，便变成了月桂树。综上所述，但丁的身世似乎可以用下面四行诗来表达：

> 古罗马人之苗裔兮，
> 朕皇考曰卡洽圭达。
> 饮月桂之果浆兮，
> 故名之曰但丁。

但丁从天而降，自然要干一番伟业。果然，他创作了不朽的文学巨著《神曲》，他自己也因为这部作品而成为不朽者。不过，德国哲学家叔本华虽然对他有很高的评价，但也稍稍地指出了他的不足和遗憾。叔本华说："但丁写他的《炼狱》若不是取材于我们的现实世界，还到哪儿去取材呢？而我们的现实世界也真已变成一个很像样的地狱了。与此相反，在但丁着手来描写天堂及其中的极乐时，要完成这一任务就有不可克服的困难横亘在他面前了，因为我们这世界恰好不能为此提供一点儿材料；因此，除了不写天堂的快乐而只给我们复述他的祖先，他的碧璀斯和一些圣者在天堂里对他讲的教训之外，就没剩下可做的事了。"[1] 看

---

[1]　叔本华：《作为意志和表象的世界》，石冲白，译，商务印书馆，1982年，第445-446页。

来，但丁还有他的作品恐怕并非没有缺点，尤其是在《天国篇》里似乎缺乏具体的内容，显得有些空泛。

但丁的伟大和卓越毋庸置疑，但同时但丁的局限和缺憾也是显而易见的。从我们今天"新人文"的视阈来看，但丁及其《神曲》最大的缺憾恐怕就是他的短视和偏见了。但丁的天文学观念显然是过时的。他采用的是中世纪的天文学和神学的宇宙观，即托勒密式的（Ptolemaic System）"地心说"。"和所有受过教育的同辈一样，但丁从小就被教导地球是一个圆球，静止于宇宙的中心。围绕地球的有八个同轴轨道，携带七颗卫星，月亮、水星、金星、太阳、火星、木星、土星，以及处于第八轨道的众星座。人们相信，在这之外还有一个第九圈，即水晶天或宗动天，是其他星球原动力的提供者。所有的轨道圈每24小时由东往西环绕地球一周。除每日环绕之外，各星球还会由西往东顺着自己的轨道向后转动，速度不一。金星的运动更加复杂，还会做一个本轮运动。这就是哥白尼之前的天文学家们通过肉眼观察，并一代一代传下来对天体运动的基本解释。"[1]但丁常常秉烛夜读，研究手稿，还用肉眼观察星星。但丁的天文学知识主要参考的是当时的权威人士阿尔法甘尼（Alfraganus），他是阿拉伯人，就天文学基础写过一本30章的论著。该著作基于托勒密法则，于1142年从阿拉伯语译为拉丁语，译名为《阿尔法甘尼天文学基础》（*Alfragani Elementa Astronomica*）。该版本通行于中世纪，也是但丁研习的版本。但丁在《飨宴》中数次提及此书。他更早在《新生》中提及的关于天堂的文字几乎是一字不差地从这本书的拉丁语版本译过来的。阿尔法甘尼引用了亚里士多德第10层天的概念，叫作至高天。当时

---

[1] 芭芭拉·雷诺兹：《全新的但丁：诗人·思想家·男人》，吴健、张韵菲，译，黑龙江教育出版社，2015年，第93页。

人们认为至高天是上帝的居所，此处既不存在于时间也不存在于空间之中。亚里士多德说："既然动与被动之事物为间在事物，这就必须有某些致动而不被动的永恒之事物，这永恒事物为本体亦为现实。欲望与理性之为作用也是这样的方式；它们致物于动而自己不动……原动者必须存在；既然其存在为必须，则其意为实是之本旨也必善，而正是由于这样的命意，这成为第一原理。"[1]永恒不变、无穷无垠的上帝创造宇宙时，时间与改变才得以开端。上帝创造了世界，但上帝自身则在世界之外。但丁天堂的灵感大体来源于此。

托勒密（Claudius Ptolemaeus，约90—168），古希腊天文学家、数学家、地理学家。他生于埃及，公元127—151年在亚历山大城研究天文学，他吸收前人学说，创建地心体系。托勒密的宇宙观认为地球固定不动，围绕地球旋转的依次是月亮、各类行星和位置不变的恒星。1543年哥白尼阐述了他关于宇宙体系的新假说，就是"哥白尼的日心说"（Copernican Theory）。哥白尼认为，地球并不是宇宙的中心，太阳才是宇宙的中心。地球在这一宇宙体系里的位置并非固定不变，它只是围绕太阳旋转的众多行星中的一颗。这就是著名的"哥白尼革命"。但丁属于他那个时代，他的宇宙观基本上仍属于中世纪的宇宙观。黑格尔曾经非常准确地指出："这位天主教诗人所创造的世界固然也反映出古代影响，但是其作用只限于提供了人类智慧历程的引路人和伴侣，在教义和教条方面则全是中世纪经院派神学和慈爱。"[2]

在但丁的体系中，"天堂"处在这些天体之上，地狱则处在地球的中心，处在这些天体系统的底层。地球分为南、北半球。北半球是陆地所

---

1　亚里士多德：《形而上学》，吴寿彭，译，商务印书馆，1997年，第274-275页。
2　黑格尔：《美学（第3卷下）》，朱光潜，译，商务印书馆，1979年，第180页。

在，为人类居住；南半球除了南极的岛屿和炼狱山外，全是大海。在北半球，耶路撒冷是大地中央。地壳之下就是地狱。地狱形如漏斗，共有九层。九层之底就是地狱中心，即地球中心。由地心可到达南半球的炼狱山，炼狱山是个海岛，位于南半球之顶。它与地心、耶路撒冷在同一轴线上。炼狱有七层平台，亡魂在这里荡涤罪行之后，逐级而上，升至炼狱山之巅的地上乐园（Paradiso Terrestre），再从这里飞向天堂。天堂有九重天，最高处为至高天，是上帝、天使、福灵的永恒居所，充满纯光，位于时间与空间之外。

托勒密的天文学体系早已过时，但但丁建立在这一体系之上的《神曲》却没有过时，这应该是一个饶有趣味的问题。著名诗人、文学批评家艾略特说："但丁的诗篇代表着一个严谨的思想体系；但丁有一套'哲学'，因此每一位像但丁那样伟大的诗人也必然有一套哲学。但丁依靠的是圣托马斯的体系，他的诗篇与托马斯的体系在每一点上都符合。"但丁"不过是他的幸运而已"，"碰巧在但丁的时代，思想是井井有条的、强有力的，而且是美丽的，而且还集中在一位最伟大的天才身上"[1]。但丁生活在一个需要体系的时代，虽然他创造的体系可能过时，但创造体系的精神和才华却永远闪烁着光辉。看来文学的魅力不同于科学的魅力，文学魅力的获得并不一定需要科学真理的支撑。科学的发展必定是新的超越旧的，前者替代后者；而文学的发展往往是新的继承旧的，旧的永远也无法被完全替代。古老的文学艺术可以魅力永存。现代读者阅读但丁，并不在意但丁的宇宙观是否过时，他们更加在意的是但丁的思想和想象、寓意和象征、结构和韵律等。总之，但丁的短视并没有影响其作品的价值和意义。

---

[1] 艾略特：《艾略特文学论文集》，李赋宁，译，百花洲文艺出版社，1994年，第161–162页。

至于但丁的偏见，主要是指他的欧洲中心主义的偏见，尤其是对于东方和伊斯兰的偏见，这一点，七百年后被敏锐的亚裔美籍学者萨义德发现了。他在《东方学》一书中论及"东方化东方"时提到了但丁："建立在早期表述基础上的后期表述是如何强烈地得到表达的，其图式是如何精心地构织起来的，它们在西方的想象空间中如何惊人地行之有效，这些问题只要我们转向但丁的《地狱篇》就可以得到说明。"[1] 萨义德说："穆罕默德出现在《地狱篇》第28章。他被打入九层地狱的第八层，处于该层十个断层的第九断层，这是环绕在撒旦老巢外面的一圈阴暗的壕沟。"[2] 不过，在但丁的《地狱篇》中穆罕默德其实是被放置在第八圈地狱的第九层接受火刑，而非萨义德所说的第九圈的第八层。萨义德的记忆看来也并非总是十分精准。当然，在《神曲》中穆罕默德离撒旦也还有些距离，亦非萨义德所说的其位置仅次于撒旦。在《地狱篇》第28章，那里的景象悲惨可怖：

> 我看见一个身体从下巴到放屁的地方被劈开的鬼魂，甚至连桶底掉了中板或侧板的木桶肯定都没有他的伤口张开得那么宽。他的肠子垂到他的两腿中间；心、肝、脾、肺以及那个把咽下去的东西变成屎的脏口袋都露了出来。我正定睛注视他时，他望着我，用手扯开他的胸膛，说："你看我怎样把自己撕开！你看穆罕默德被砍伤得多么厉害！"在我前面哭着走的是阿里，他的脸从下巴直到额发全被劈开。你在这里看到的所有其他的鬼魂生前全是散布不和与制造分裂者。[3]

---

1　萨义德：《东方学》，王宇根，译，生活·读书·新知三联书店，1999年，第87页。
2　同上，第87页。
3　但丁：《神曲·地狱篇》，田德望，译，人民文学出版社，2002年，第190页。

我们知道，穆罕默德（560—633）是伊斯兰教的创始人。阿里（约600—661）是穆罕默德的堂弟和女婿，是"什叶派"的创始人。他们都因为制造分裂罪，身体被永无休止地痛苦撕裂。不仅如此，但丁还将一小群穆斯林，比如阿维纳森（Avicenna，980—1037）、阿威罗伊（Averroäs，1126—1198）、萨拉丁（Saladin，1137？—1193）等都安置在地狱的第一层，他们是伊斯兰杰出的医学家、哲学家和政治家。但丁当然也敬佩他们的高尚品格和伟大成就，但是由于他们不是基督徒，所以必须被打入地狱之中。他们在地狱的位置同于古希腊哲学家苏格拉底、柏拉图和亚里士多德，但是，这些希腊哲学家之所以被但丁安置在这里，是因为他们在世时耶稣尚未出生，因此他们不可能是基督徒。萨义德对于但丁的做法感到有些惊奇："将基督教产生之前的著名人物与基督教产生之后的穆斯林'异教徒'放到同一类型之中加以谴责，这一不顾年代事实的做法却一点也没有令但丁感到为难。""但丁诗歌对伊斯兰的表现和修正，代表了一种先验的、几乎具有宇宙论色彩的必然性：伊斯兰及其指定代理人是西方对东方所做的地理的、历史的，最重要的是，道德的理解的产物……作为诗人的但丁具有某种力量，这一力量强化了东方学的视角，增加而不是减少了其表现力。"[1]但丁具有一种东方学的想象视野，这一视野是由于他对东方的偏见形成的，日后这种偏见又进一步强化了西方人的东方学视角。

在但丁这里，东方人似乎就是沉默无语的客体。但丁在描写东方的相异性时，图式化地将东方纳入一个戏剧舞台之中，这一舞台的观众、

---

1　萨义德：《东方学》，王宇根，译，生活·读书·新知三联书店，1999年，第89页。

经营者和演员都是面向欧洲的。[1] 东方成了被观察、被描述的对象，一个"他者"，西方人则成了权威的审判者。最终，在以但丁的作品为中心的西方主流文化中，"东方和伊斯兰总是被表现为一个在欧洲内部扮演着特殊角色的局外人"[2]。不过，正是由于但丁的偏见而保留了历史的真实。倘若但丁不是一位典型的欧洲中心主义者，倘若他能够再公平客观一些，他也就不会成为萨义德批评的对象，也就不会成为今天后殖民主义者的研究对象了。如此一来，但丁的意义和价值反而减少了，而不是增加了。

但丁对于自己家乡佛罗伦萨的同胞也常有苛评、嘲讽，甚至辱骂。当时佛罗伦萨两党相争，但丁深陷其中不能自拔，最终但丁所代表的党派失势。1302年1月27日，但丁以"贪污公款、反对教皇和查理、扰乱共和国和平"的罪名，被流放托斯卡纳境外两年，并永远不许担任公职。但丁对于强加给自己的罪名拒不承认。由于到期没有交付罚金并回乡认罪，同年3月10日，但丁又被判处终身流放。直至去世，但丁度过了将近20年流亡的日子。但丁对此怀恨在心，只要有攻击佛罗伦萨的机会便绝不放过。在《神曲》中，"被但丁打入地狱的人，算上指名道姓或点明身份的，共79人。其中，32个是佛罗伦萨人，11个是前托斯卡纳人……在炼狱中，但丁只看到4个同胞和11个老乡，而天堂里仅有两个佛罗伦萨人"[3]。看来，但丁笔下的佛罗伦萨人绝大部分都被打入地狱，只有极少数人能进入炼狱和天堂。但丁将佛罗伦萨的堕落归咎于城市的膨胀，早年的城市越出城墙以及来自邻邦的外人涌入城内，污染了原居民。在《天国篇》里但丁写道："人口混杂向来是城市的灾祸的起因，犹如胃里积存

1　萨义德:《东方学》，王宇根，译，生活·读书·新知三联书店，1999年，第87—92页。

2　同上，第91页。

3　恩斯特·R. 库尔提乌斯:《欧洲文学与拉丁中世纪》，林振华，译，浙江大学出版社，2017年，第503页。

食物不消化是你们的疾病的起因一样。"[1]但丁显然相信保护血脉纯正的重要性。这一观点在7个世纪之后的今天看来，即便不算种族歧视，也是政治观念的错误。在但丁看来，所有降临于佛罗伦萨的不幸都被归咎于来自低贱血统者的贪婪和腐化。[2]

1311年3月31日，但丁给佛罗伦萨市民写了一封信。信一开头便是具有相当侮辱性的称呼："但丁·阿利吉耶里——一个蒙冤遭到流放的佛罗伦萨人——致城里最邪恶不公的人。"佛罗伦萨一直是但丁嘲弄的对象，愈到后来，但丁反佛罗伦萨的语气愈强烈。在《炼狱篇》第14章但丁对整个托斯卡纳进行了强烈的谴责，语气哀伤，暗示着痛苦的、遗憾的诀别："所有的人或者由于地方的不幸，或者由于恶习驱使他们，都把美德视为仇敌，躲避它像躲避蛇一般；因此这个悲惨的流域的居民已经改变了他们的本性……"托斯卡纳人仿佛都变成了猪。[3]在《天国篇》第31章，但丁写道："我从亵圣之地来到神圣之所，／从暂时来到永恒，／从佛罗伦萨来到公正和明智之境，／我心中必然充满着怎样的惊异啊！"[4]这位悲苦的流放者对佛罗伦萨发起最后，也是最凶狠的一击，从而彻底断送了他回乡之希望。

在远离家乡流亡的日子里，但丁一直渴望有朝一日能重返故里、荣归故乡。但丁在《天国篇》中写道："如果有朝一日这部天和地一同对它插手的、使得我为创作它已经消瘦了多年的圣诗，会战胜把我关在那美好的羊圈（指佛罗伦萨）门外的残忍之情——我曾作为一只羔羊睡在那

---

1　但丁：《神曲·地狱篇》，田德望，译，人民文学出版社，2002年，第102页。

2　芭芭拉·雷诺兹：《全新的但丁：诗人·思想家·男人》，吴健、张韵菲，译，黑龙江教育出版社，2015年，第459—460页。

3　但丁：《神曲·炼狱篇》，田德望，译，人民文学出版社，2002年，第129页。

4　同上，第188页。

里，被那群对它宣战的狼视为仇敌；那时我将带着另一种声音，另一种毛发，作为一位诗人回去，在我领礼的洗礼盆边戴上桂冠。"[1] 但是，但丁最终也未能如愿，而是客死他乡。世事难料，人算不如天算。艾略特说："伟大的诗人，在写自己本人的过程中，也写就了他的时代。因此尽管但丁几乎完全没有意识到这一事实，他却成为十三世纪的喉舌。"[2] 在"新人文"时代但丁的价值和意义再次显现：由于历史原因但丁没有摆脱他的短视和偏见，但最后却因为他的短视和偏见忠实于历史，其作品的意义和价值反而超越了历史，成为划时代的文学经典。

---

1　但丁：《神曲·地狱篇》，田德望，译，人民文学出版社，2002年，第153页。
2　艾略特：《艾略特文学论文集》，李赋宁，译，百花洲文艺出版社，1994年，第164页。

# 科学的？还是有用的？

## ——诺思罗普·弗莱论文学批评的学科合法性

陈后亮*

**摘要：** 在弗莱看来，文学批评的合法性基础不在于它的功能，而在于它的方法。现存文学批评的危机的根源在于它没有成为一个科学的知识生产部门。在现代大学的各个学科部门都在不断提升科学化、专业化和职业化水平的背景下，能否生产专业知识成为文学批评的合法性基础。在20世纪六七十年代，原型批评确实在一定程度上暂时解决了批评的合法性问题，那就是让批评进一步向科学靠拢，在研究态度、方法以及知识生产效率等方面都要媲美它的科学邻居。然而弗莱终究未能回答时代命题，那就是批评在当时的历史时刻需要发挥哪些功能。他虽然为文学批评带来了短暂复兴，终究还是被后来人抛弃，成为多数时间只在教科书里才会出现的一件知识古董。

**关键词：** 弗莱　文学批评　合法性　原型批评　批评的功能

作为神话原型批评的奠基人，诺思罗普·弗莱（Northorp Frye，1912—1991）一直被视为加拿大最伟大的文学批评家。然而英美批评界对他的评价却呈现出明显的两极分化。一方面，推崇他的人毫不吝惜

---

\* 陈后亮，华中科技大学外国语学院教授。

溢美之词，把他夸上了天。默里·克里格（Murray Krieger）认为"（弗莱的）影响比近代批评史上任何一位理论家都更大、更独一无二"[1]。沃特·贝特（Walter J. Bate）称赞弗莱"可能是英文学界自20世纪50年代以来最有影响力的批评家"[2]。在劳伦斯·李普金（Lawrence Lipking）和 A. 沃顿·利兹（A. Walton Litz）编写的《现代文学批评选集：1900—1970》中，他们把弗莱与艾略特、庞德和瑞恰慈并列，视为20世纪70年代之前最主要的批评家，并且认为"他比任何现代批评都要更居于批评活动的中心"[3]。佛班克（P. N. Furbank）认为弗莱"不仅为文学和文学批评的新的描述性剖析奠定了基础，而且实际上单枪匹马地推动了整个事业"[4]。但在评价的另一端，对弗莱的贬低也十分不客气，堪称把他的名声又狠狠地摔在地上。同样在1972年，詹姆斯·施罗德（James Schroeter）在英美文学批评界的权威期刊《大学英语》（*College English*）上撰文，在承认弗莱的声誉和影响在英语国家无可匹敌的同时，也尖锐批评他的学说"滥用科学术语"，"玩世不恭"，是一种"极端幻想的理想主义，甚至是虚伪和彻头彻尾的歪曲"[5]。虽然在20世纪50至60年代，神话原型批评曾在北美学界引发一场学术热潮，吸引很多学者对文学经典进行重读，发掘其中的"原型"和"神话"模式，但到了80年代之后，原型批评明显不能再吸引年轻的追随者。弗莱在各种批评史和文学理论教科书中所占据的

---

1　Murray Krieger. *Northrop Frye and Contemporary Criticism*. Murray Krieger, ed. Northrop Frye in Modern Criticism. New York: Columbia University Press, 1966: 1.

2　Walter J. Bate. *Criticism: The Major Texts*. New York: Harcourt Brace Jovanovich, 1970:597, xiv–xv.

3　Lawrence I. Lipking and A. Walton Litz. *Modern Literary Criticism: 1900–1970*. New York: Atheneum, 1972: 180.

4　P. N. Furbank. "Northrop Frye: The Uses of Criticism (Book Review)". *Mosaic*. 1972, 5(4): 179−184.

5　James Schroeter. *The Unseen Center: A Critique of Northrop Frye*. College English. 1972, 33 (5): 543−557.

篇幅越来越少，他逐渐退化为一个人尽皆知的响亮名号，但他所推崇的批评方法却已不为人知，运用他的方法所做的批评实践也越来越难觅。弗莱的代表作《批评的解剖》称得上人尽皆知，但实际上大部分人对这部书的阅读不超过导论部分，这部书也就沦为"似乎所有人都知道，但很少有人真正读过的书之一"[1]。

为何人们针对弗莱的评价会如此两极分化呢？当然，同一个理论家引发对立评价的情况并不少见。但在弗莱这里，这一矛盾表现得又有些特殊，因为最让人们纠结的是弗莱所创立的原型批评方法。如果说在70年代之前，弗莱的批评模式对那些急于摆脱新批评束缚的人具有巨大吸引力的话，那么随着各种理论热潮在80年代之后兴起，他的学说却越来越像是一件精巧至极的家具，"它给制造者自身带来的快乐通常比带给其他任何人的都多。这一定是因为，无论它设计多么精美，都没有实用价值"[2]。也就是说，没有实用功能是弗莱的学说最终被人们抛弃的主要原因。然而悖谬的是，弗莱批评思想的肇始点却是对批评的功能的思考。他所发表的第一篇引起广泛影响的论文题目正是《论批评在当前时代的功能》（*The Function of Criticism at the Present Time*），该文发表于《多伦多大学季刊》（*University of Toronto Quarterly*）1949年第1期，至今仍是弗莱最著名的一篇论文，后来又经过扩展补充，成为《批评的解剖》的导论部分。自马修·阿诺德于1864年11月发表《论批评在当今时代的功能》一文之后，以同一论题撰文阐述观点的名家有很多。其原因在于，与那些解决"永恒"或"相对永恒的"谜题的自然科学家、社会科学家甚至是哲学家不同，每一个时代的文学批评家都面临不同的"当下"语

---

1　Arnd Bohm. "Northrop Frye: The Consolation of Criticism." *Monatshefte*. 2003, 95 (2): 310–317.

2　P. N. Furbank. "Northrop Frye: The Uses of Criticism (Book Review)". *Mosaic*. 1972, 5(4): 180.

境，都要面临文学和批评对当前社会有什么功用的合法性质询，也就都要给出适合于当下语境的合法性辩护。对我们今天的读者来说，其实最有价值的已经不再是弗莱就神话批评所给出的那些精巧的原型设计，而是他对当时的批评功能的思考。虽然他的题目是"论批评在当前时代的功能"，他却希望一劳永逸地解决这个问题。或许正是这一悖论才导致弗莱的原型批评从解决文学批评的功能出发，最终却成为一种只有精巧却无用的设计。下面本文重点考虑的是，弗莱是在什么样的语境下来思考批评的功能问题？他认为批评应该具备哪些功能？他的思考又带来了哪些悖论？对于需要不断反思"批评在当今时代的功能"这一永恒难题的我们又可以有哪些启发呢？

## 一、弗莱所处的社会历史语境

弗莱所处的时代正是北美高等教育经历前所未有的剧烈变化的时代。[1] 一方面是学生数量骤增，在校生从"一战"前总计不到50万人快速膨胀到20世纪70年代的近千万人，与之相对应的就是对高学历专门教职人员的需求大幅增加，培养高层次人才的研究生教育也发展完善起来。另一方面，大学的性质在这期间也发生了实质性的改变。大学不再是像修道院一样的精神文化机构，而是"一个研究场所、一个学术场所、一个发现迄今未被怀疑的东西的地方"[2]。

出于两次世界大战期间的社会需要，文学教育因其在发扬传统和培

---

1　虽然弗莱是加拿大人，但他的主要学术影响力却遍及整个英语世界，尤其是美国。他所考虑的很多问题也主要是基于对美国高等教育和社会文化现象的观察。

2　转引自 Gerald Graff. *Professing Literature: An Institutional History*. Chicago: The University of Chicago Press, 2007: 124。

养民族主义精神方面的特殊作用而得到异常重视，以文学课程为主的通识教育在美国各个教育层面广泛开展。由于新批评所倡导的研究方法特别适用于给那些并无太多基础知识的学生讲授文学，它得以和通识教育课程融合起来并得到广泛普及。它以"新批评"为名，从哈佛和耶鲁等少数著名大学的研究生院开始逐渐传播到整个北美范围，在专业期刊上占据主导地位，给大多数文学系的课程设置带来了广泛的变化，并且影响到中学课堂。等到了20世纪50年代初，新批评已经堪称完成了一场批评的革命，被牢固确立为文学研究和教学的标准方法。

　　不同于此前的文学史研究，新批评致力于对作品进行严格阐释，它所比照的标杆不再是历史学和哲学，而是正在蓬勃发展的自然科学。根据新的职业型大学定位，科学被作为知识的中心模式，人文学科也应该尽可能向它靠拢适应。人们相信科学基础能为文学批评赢得职业尊严。通过把教学和研究建立在科学的基础上，英文系和文学研究这门专业可以获得尊严和分量。通过引进科学的方法，教授和研究文学将再也不是一个谁都可以胜任的职业。在这里工作的教师必须和在任何其他部门工作的教师一样受到专业和科学的训练。文学教学和研究也就成为一个知识分子的严肃工作。大约在这个时候，文学研究逐渐开始被称为"学科"，无论在研究内容和方法上的"普遍性"和"自主性"，以及在知识创新的"进步"意义上，它都被认为可以比肩自然学科。根据卡勒的介绍，新的学科地位极大激发了文学研究者们的学术热情，大学文学教育的扩张导致学术成果发表大量增加。现代语言协会年度图书目录在1920年只收录了55部（篇）关于莎士比亚的学术成果，但到了1970年却达到448部（篇）；研究弥尔顿的成果则从18部（篇）增加到136部（篇）；研究马克·吐温的成果从7部（篇）增加到65部（篇）。卡勒认为，这种成果数量的激增影响了学术研究的地位和性质，使之成为一种越来越有专业优势的学术工作。"文学批评已经不再是一种为文学及其读者服务的谦虚和明智的活动，而是变得自命不凡和混乱，成为一个相互竞争的领域，往往是深奥的理论，分散了人们原本对文学本身的关注"[1]。批评探索就是文学教授们的主要工作，其首要任务是通过研究和发表来生产"知识"，他的职业身份主要取决于他的学术研究而不是课堂教学。

弗莱对于这种新的历史语境是有敏感认识的。他在1970年出版的《顽固的结构：论批评与社会》(*The Stubborn Structure: Essays on Criticism and Society*)一书中收录了他在1962年到1968年间的演讲稿，其中接近一半的内容都是谈论文学批评的语境。他谈到："当每所大学都有访问讲师的项目和计划、大学都由喷气式飞机连接在一起时，人文学者就处于某种压力之下"[2]。他提醒人们注意伴随学生数量暴增而来的另一个更加严重的问题，那就是"学术大爆炸"，"随着越来越多的大学出版社的发展，越来越多的批评性期刊得到资助，越来越多的聪明的年轻人渴望为两者写作，越来越多的中小学教师对他们的学科产生了更大的学术兴趣，有必要发展一种更能选择性地处理这一问题的文学教育"[3]。在这样一个士气低落、对行业前途迷茫的时刻，他希望找到一种新的路径，"维护过去的文学，扩大文学研究的尊严"[4]。伊姆雷·萨鲁辛斯基（Imre Salusinszky）认为"弗莱试图将资产阶级的审美自主神话从艾略特和新

---

1 Jonathan Culler. Framing the Sign: Criticism and Its Institutions. Norman: University of Oklahoma Press. 1988: 3.

2 N. Frye. *The Stubborn Structure: Essays on Criticism and Society*. Ithaca: Cornell University Press, 1970: vii.

3 N. Frye. *The Stubborn Structure: Essays on Criticism and Society*. Ithaca: Cornell University Press, 1970: 92.

4 James Schroeter. *The Unseen Center: A Critique of Northrop Frye*. College English. 1972, 33 (5): 556.

批评家们所处的明显的劣质状态中拯救出来"[1]。这不无道理。在弗莱看来，文学研究要想继续生存下去，首先就必须证明自己值得生存下去。它不能再靠那些含混不清的术语来彰显自己的价值，而应该像自然科学那样，建立一种真正有科学价值的知识框架。就像伊格尔顿所总结的那样：

> 随着北美社会在50年代的发展，它的思想模式逐渐具有了更严格的科学性，也更加程式化了。于是，一种野心更大的批评技术统治似乎就成为必要。新批评派的工作做得不错，但是在某种意义上它过于谦虚也过于专门，以致没有条件成为一种牢固实用的学术方法。它专注于孤立的文学作品以及对敏感性的精细培养，却倾向于忽视文学的更宏观的和更具有结构意义的方面。文学的历史发生了什么？所需要的是这样一种文学理论，它一方面要保持新批评的形式主义癖好，紧紧盯住作为美学对象而非社会实践的文学；另一方面又要由这一切中创造出某种更系统、更"科学"的东西来。[2]

这正是弗莱想要完成的任务。

## 二、弗莱对阿诺德和艾略特的反驳

阿诺德是弗莱在《论批评在当今时代的功能》一文（以及在此基础上完成的《批评的解剖》的导言部分）中被反复引用次数最多的批评家

---

1　Imre Salusinszky. *Frye and Eliot*. Christianity and Literature. 1992, 41 (3): 300.

2　特雷·伊格尔顿：《二十世纪文学理论》，伍晓明，译，北京大学出版社，2007年，第88页。

的名字，从中可见阿诺德思想对他的影响。他在开篇不久即转述阿诺德的一句名言："让思想围绕一个人们曾百般努力却无法洞察其奥妙的课题自由驰骋。"并且声称："我的态度便是本着这一格言的。"[1] 从其所设想的文学批评的终极目标来说，弗莱的确如伊格尔顿所评价的那样，"继承着阿诺德的自由人本主义的传统，渴望一个如他自己所说的'自由的、无阶级的和文雅的社会'"[2]。他在别处也曾说："教育的最终目标是实现一个理想的愿景，即一种在理论上连贯和永恒的社会秩序"[3]。不过，虽然弗莱也认同传播阿诺德意义上自由人文主义和文化传统的总目标，但对于如何实现这一目标却和阿诺德有着根本分歧。所以在引用完阿诺德的这句话之后，他又立即划清了自己和他之间的界限："但是我所说的批评，是指涉及文学的全部学术研究和鉴赏活动，它属于你不妨称作文科教育、文化或人文学科研究的范围之内"[4]。弗莱之所以讨厌阿诺德式的批评，是因为它把价值立场看得比方法更重要，这并非一种严谨的学术研究。它把对作品的评价建立在批评家个人的阅读经验上，并把价值评判视为追求人文主义和自由思想的鲜明特征。弗莱认为："价值判断只能间接地而不能直接地交流，就这个意义而言，它们总是主观的。……对作品的评价建立在文学研究的基础上，而文学研究永远无法建立在评价上"[5]。阿诺德在《诗歌研究》中所展示的批评方法常被他的追随者视为楷模，但在弗莱这里却被指斥为"一种谬论"：

---

1　诺思罗普·弗莱：《批评的解剖》，陈慧等，译，百花文艺出版社，2006年，第4页。

2　特雷·伊格尔顿：《二十世纪文学理论》，伍晓明，译，北京大学出版社，2007年，第91页。

3　N. Frye. *The Stubborn Structure: Essays on Criticism and Society.* Ithaca: Cornell University Press, 1970: 8.

4　诺思罗普·弗莱：《批评的解剖》，陈慧等，译，百花文艺出版社，2006年，第4页。

5　同上，第29页。

　　这种谬论的一贯标志，便是精选一些传世经典作为传统，这十分明显地表现在阿诺德的"试金石"理论之中；按照这种理论，我们首先是直觉地接受试金石所指出的价值，然后把诗人排成三六九等。无论传记式批评家还是转义性批评家，都会掂一掂诗行的分量，以此来比较不同的诗人……[1]

　　弗莱认为，阿诺德所秉持的文学价值观不过是他所代表的上层阶级的社会价值观的投影，其中充满了傲慢和偏见。他以此为标杆对作品进行评价分级，也不过就是"通过文学批评来推行一种社会态度"[2]，借此来维护一种社会秩序。即便批评家站在和阿诺德相反的价值立场上，比如把那些倾向于劳动阶级的文化价值观念推举为最佳标准，也同样会充满主观偏见。总之，只要批评家把价值评判看得很重要，就必然导致他在两种立场之间摇摆分化：要么进步、要么反动；要么是对权威的维护，要么是对它的质疑。在弗莱看来，这样的批评家根本不是在做文学研究，"与其说他们的旨趣在于研究诗歌，倒毋宁说他们更热衷于搞宗教运动、反宗教运动或政治运动……"[3]无论对作品的价值评判做得多么井井有条，终究不是真正意义上的"批评"。如果说阿诺德试图把政治宣传与批评分开的话，弗莱又想进一步把道德立场从批评中清理出去，让文学批评获得更大的自主性，变成一种纯粹的学术研究活动。

　　除了阿诺德之外，艾略特是弗莱重点抨击的又一个对手。虽然艾略特的名字在《批评的解剖》的导言部分出现的频次不如阿诺德多，但弗莱对他的不满却暗伏在通篇文字之下。伊姆雷·萨鲁辛斯基甚至认为弗

---

1　诺思罗普·弗莱:《批评的解剖》，陈慧等，译，百花文艺出版社，2006年，第30页。

2　同上，第32页。

3　同上，第34页。

莱与艾略特之间存在"最尖锐的对立关系……（和）广泛的观点冲突，包括对文学、社会和文学批评的态度……"[1]此言也并不夸张。弗莱早年在多伦多大学读书的时候，也正是艾略特的声望如日中天的时候，后者的价值观和评判标准对当时的大学文学教育起到了决定性的塑造作用。从某种意义上来说，艾略特代表着成年后的弗莱急需摆脱的那种来自父辈的"影响的焦虑"。

在其于1923年发表的《论批评在当今时代的功能》一文中，艾略特对当时批评界的普遍状况提出了尖锐的批评："如果我们稍微认真地观察一下就会发现，批评界根本不是一块经过深耕细作、繁花似锦并能预兆丰收、精心铲除了莠草的土地。它倒更像一座公园，一到礼拜天总有那么一伙子狗屁不通的演说家，为了一些鸡毛蒜皮的小事纠集在一起，在那里拼命想压倒对方而互相争吵。"[2]或许与他自身的作家身份有关，艾略特总体上把批评视为一种需要依附于创作的活动。他认为，作家虽然也会考虑一些"超越艺术本身的活动范围之外的使命"，但他在创作过程中却无须听命于它们，而只需符合它本身的使命。和唯美主义者一样，艾略特也相信艺术是自律的，不必服务于自身之外的目的。但批评却完全不同，"它应该永远为一定的目的服务。简言之，这一目的就是解释艺术作品和培养审美感"[3]。这既是批评的目的，也是批评的功能，还是判断哪种批评有益的标准。他坚决反对批评家直接从自己的阅读经验出发来评判艺术作品的高低，他称为批评的自由主义倾向，认为那不过是些个人的偏见和好恶。如果单从这一点来说，他和后来的弗莱倒有共同之处。

---

1　Imre Salusinszky. *Frye and Eliot*. Christianity and Literature. 1992, 41 (3): 299.

2　T. S. Eliot. "The function of criticism, 1923." https://fortnightlyreview.co.uk/2018/08/eliot-function-of-criticism/.

3　同上。

但关键区别在于，批评活动在艾略特这里完全失去了独立地位，沦为创作的附庸。在他看来，创作可以不需要批评，但批评却必须依附于创作。他假定艺术家本人永远是最了解自己作品的人，因为创作过程就是不断对作品进行端详、打磨、修改的过程，这本身也就是一种批评，所以他说："最富有生命力的批评就应该是老练的、经验丰富的作家对自己本人的作品的批评；这是批评的最高形式。"[1]阿诺德曾经赋予批评家的那种荣耀的文化使命在艾略特这里又被彻底剥夺了，批评家被要求甘做艺术家的谦卑的助手，不能自以为是、喧宾夺主、以发表主观见解为能事，而应该把自己的工作限定在助手的范围内，"只是为了把读者引入完全可能被忽略的那些事实范围之内"[2]，"讲明作品是怎样写成的，论述什么，有哪些独到之处"[3]。虽然艾略特在这篇文章的结尾处也强调自己并非完全鼓励那种历史研究的学术倾向，但他对批评工作的价值的否定还是十分突出的。

弗莱完全不能接受艾略特对批评工作的评贬。这种观点把作家视为完美的批评家，却把批评家降格为惭凫企鹤的平庸文人，"他们既缺乏艺术创作的能力，又无本钱去赞助艺术，于是便构成一个文化掮客的阶层；他们一方面向社会兜销文化、从中获几分利，另一方面又剥削艺术家，也加重社会的负担"[4]。在弗莱的心目中，批评家非但不是可有可无的，而且是肩负着崇高的文化使命。作家如果拒绝批评家，他们估计很难获得那么高的声望。离开一代又一代批评家的推崇，莎士比亚未必就能成为

---

1　T. S. Eliot. "The function of criticism, 1923." https://fortnightlyreview.co.uk/2018/08/eliot-function-of-criticism/.

2　Ibid.

3　Ibid.

4　诺思罗普·弗莱:《批评的解剖》，陈慧等，译，百花文艺出版社，2006年，第4页。

公认的最伟大的剧作家。普通公众如果不理会批评家，那么他们对作品的理解也只能是浅尝辄止，也就会暴殄天物。弗莱使用了和阿诺德非常接近的说法来赞美批评家，认为"批评家的工作是让尽可能多的人接触到过去和现在所思考和所说的最好的东西，至少理想的情况下，他是教育的先驱和文化传统的塑造者"[1]。与艾略特相反，弗莱认为作家并不拥有高于批评家的权威，"诗人当然也有自己的批判能力，因此他可以解释自己的作品；但是对《天国篇》第一章做出评论的但丁不过是又一个但丁批评家。他说的话有特殊价值，但没有特殊权威。关于他们所写的诗歌的意义或价值，诗人往往是最不可靠的裁判"[2]。诗人和作家无法直接面向读者说话，否则那就不是创作，而是一种宣传或演讲了。即使他们说了，也未必可信。只有借助批评家的工作，公众才能知道作品中都说了些什么。

在否定作家本身的批评权威和肯定批评工作的独特价值这一点上，弗莱和阿诺德立场一致。但他又比阿诺德更进一步，把以后者为代表的那种通常意义上的文化批评家也一起否定了，认为他们并非真正意义上的批评家，而只是一种"批判的读者"，"他们所代表的，不是文学中的另一个概念框架，而是最专业和最明智的读者群体"[3]。他们所给出的并非专业权威的知识，而只是比普通读者更有品位的鉴赏意见，"这些东西一般来说都是粗糙随意的学术行为。……一种主观的、倒退的业余爱好，虽然有趣，却非真正的工作"[4]。在弗莱这里，批评家的职业身份实际上已

---

1　Northrop Frye. "The Function of Criticism at the Present Time." *University of Toronto Quarterly*. 1949, 19 (1): 1.

2　Ibid, 19 (1): 2.

3　Ibid, 19 (1): 3.

4　Ibid, 19 (1): 7.

经发生转变，他们不再是以谈论文学为契机来发表对生活的广泛态度的文化批评家，而是成为纯粹的学术研究者（researcher），他们的工作具有充分的自主性，"既独立于最明确的艺术家，又独立于最有鉴别力的公众"[1]。他们甚至根本无须特别在意作家本身的意见，"诗人在发表评论时，产生的不是批评，而是仅供批评家研究用的文献。这些文献可能很有价值，但若一旦把它们视为批评的指南，它们就可能把人们引入歧途"[2]。但批评又不能完全脱离文学，不能从其他学科借鉴理论框架和范畴，否则就会变成某种松散的、令人困惑的交叉学科，"那么一来，批评同样会丧失自主性，整个学科就会被其他东西所吸收了"[3]。弗莱坚信，批评必须拥有专属于自己的工作领域，奉行独立的概念框架和方法范畴，遵循科学严谨的精神，这样才能真正获得学科自主性，也才能"朝着完全理解文学的方向取得重大进展"[4]。

## 三、弗莱论文学批评的功能

弗莱对他所处时代的文学批评现状十分不满，最主要的原因就是批评没有获得自主性，还不是一门足够纯粹的学问，专业文学研究和普通的文学鉴赏之间的界限仍旧模糊不清。他甚至非常不客气地认为："在所有的批评中，纯属无用的东西占了极高的百分比。"[5]在现代大学的各个学

---

1　Northrop Frye. "The Function of Criticism at the Present Time." *University of Toronto Quarterly*. 1949, 19 (1): 7.

2　诺思罗普·弗莱:《批评的解剖》，陈慧等，译，百花文艺出版社，2006年，第8页。

3　同上，第8页。

4　Northrop Frye. "The Function of Criticism at the Present Time." *University of Toronto Quarterly*. 1949, 19 (1): 16.

5　诺思罗普·弗莱:《批评的解剖》，陈慧等，译，百花文艺出版社，2006年，第15页。

科部门都在不断提升科学化、专业化和职业化水平的背景下，文学研究如果继续这样下去，它与其他学科进行竞争的时候就将毫无优势，很难保持它的学科地位。因此，尽快提升文学研究的专业化水平，使其成为一门足够媲美其他学科的专业门类，这是摆在文学研究者面前的紧迫任务。而要想实现这个目标，文学研究必须在以下几个方面做出改变：

首先，文学研究需要厘清与其他学科之间的关系。弗莱坚决反对各种"决定论的谬见"，这是因为：

> 所有的决定论，不管是马克思主义的、托马斯主义的、自由人文主义的、新古典主义的、弗洛伊德的、荣格的还是存在主义的，通统都是用一种批评态度来顶替批评本身，它们所主张的，不是从文学内部去为批评寻找一种观念框架，而都是使批评隶属到文学以外的形形色色的框架上去。可是，批评的基本原理需要从它所研究的文学艺术中逐渐形成。[1]

在20世纪初的文学批评中，一直不乏借鉴其他学科的例子，最突出的就是从语文修辞批评、历史批评、马克思主义批评和精神分析批评中借用概念术语甚至研究方法，但这些批评大多都具有十分突出的还原论特征，它们把一种文学之外的方法强加给文学，夸大了文学与其他外部因素的关系，同时忽视文学语言的复杂性和特殊性，使文本被化简为各种"症状"，它的真正含义总是在别处。弗莱认为，批评家之所以总是借鉴其他学科，主要不是因为它们有帮助，而是因为他们没有建立起专属于自己的方法和概念框架。"由于文学批评自身并不是一个自成体系的

---

[1]　诺思罗普·弗莱：《批评的解剖》，陈慧等，译，百花文艺出版社，2006年，第8页。

的知识结构，所以批评家只好从史学家的观念框架中寻取事件，又从哲学家的观念框架中借用理念。……由于缺乏系统性的文学批评，便形成了一处力量的真空，而所有的相邻学科都乘虚而入。"[1] 和他之前的新批评者一样，弗莱也坚信"文学批评家应做的第一件事是阅读文学作品"[2]，而非急着从其他学科搬弄外部材料。弗莱并没有否定文学与其他事物之间的关系，也不是说文学研究必须彻底切断与其他学科之间的所有关系，他只是反对把不同学科的标准混为一谈，用其他事物的言说方式来谈论文学，"文学与其他学科的关系当然是重要和必要的，但必须在以后加以考虑"[3]。

其次，批评必须尽可能向科学靠拢，提升自己的专业化、科学化水平。在弗莱看来，自然科学的各个部门在20世纪都普遍获得了飞速发展，成为大学里面最成功的样板，这迫使人文学科也要以它们为标准，发展出严谨的研究方法。这倒不是说文学研究也应该采用在自然学科中常用的像统计学那样的分析方法，而是说它也应该有和自然科学类似的知识态度，亦即尽可能摆脱情感和价值判断对研究过程和结果的判断。文学研究和文学鉴赏存在根本区别，前者是严肃的知识生产活动，后者却充满主观性和相对性，类似那种"从自恋的镜子中仅仅看到我们自己的经验和社会道德偏见的行为"[4]。"当一个批评家进行阐释时，他谈论的是诗人；但当他进行评价时，他谈论的就是他自己，或者至多是他自诩所代

---

1　诺思罗普·弗莱：《批评的解剖》，陈慧等，译，百花文艺出版社，2006年，第17页。

2　同上，第9页。

3　N. Frye. *The Stubborn Structure: Essays on Criticism and Society*. Ithaca: Cornell University Press, 1970: 90.

4　Ibid, 1970: 68.

表的这个时代"[1]。而在弗莱看来，即便真有能够代表整个时代的天才批评家，只要他试图对作品进行价值评判，那么他的视野就依然摆脱不了个人盲视以及他所处时代的偏见，而且"他对自己的品味有多自信，他的视野也就有多狭隘"[2]。

弗莱认为未来的文学批评要想获得和科学一样受人尊重的学科地位，那就必须像科学一样去解释文学。它要么成为一门科学，要么就继续"搞某种类似颅相学的伪科学"[3]，继续充当"一种不含真理的神秘宗教"[4]。新批评虽然也反对在文学研究中掺杂情感和价值，但它只是擅长对单个作品的剖析解释，无法形成系统的知识体系。神话原型批评就是弗莱试图把文学研究真正科学化的一个尝试。他相信就像自然事物的背后存在着一种永恒的法则一样，文学也不是仅由作品杂乱堆集而成，其背后也一定存在一种不变的秩序。文学研究也就应该像自然科学一样，致力于发现这些秩序并把它们归纳到一个统一的知识结构中，"使其由偶然的变为必然的，从随意和直觉的变成具有体系的"[5]。正如科学知识具有系统性和普遍性一样，弗莱相信他的神话原型理论能够成为亚里士多德意义上的诗学理论，"便是指一种其原理适用于整个文学，又能说明批评过程中各种可靠类型的批评理论"[6]。

再次，文学研究必须把专业知识生产作为今后最重要的任务和功能。

---

1 N. Frye. *The Stubborn Structure: Essays on Criticism and Society.* Ithaca: Cornell University Press, 1970: 68.

2 Ibid.

3 诺思罗普·弗莱:《批评的解剖》，陈慧等，译，百花文艺出版社，2006年，第10页。

4 同上，第20页。

5 同上，第10页。

6 同上，第20页。

在阿诺德那里，文学批评并非纯粹学术研究，而是肩负着解决文化危机的重要使命，用他的话来说，那就是去"学习和宣传世界上最好的知识和思想"[1]，"使世界上最优秀的思想和知识传遍四海"[2]，进而"以艺术所体现的那些能量和价值的名义改造社会"[3]。只有这样，文学批评才能发挥实质性的社会功能。后来的新批评虽然最初主要致力于作品内部研究，但因为和两次世界大战期间兴起的通识教育结合到一起，实际上也不是纯粹的学术研究，而更接近于一场教育运动。在弗莱看来，文学批评必须改变此前的这两种功能。如果致力于文化批判，那它必然热衷于价值评判，就会导致批评没有实际内容或建立在错误假设之上，"对文学作品和传统的评价性比较并没有给我们文学知识，而仅仅是重新安排了我们已经知道或认为我们知道的东西"[4]。批评之中并非不能掺杂价值判断，只是不能以此为批评的出发点和落脚点，因为价值感总是基于个体经验和直觉反应，不可预测且随时可变。

另外弗莱也坚持把通识教育和学术分开，认为两者之间并没有必然联系，"通识教育主要是一个社会问题，而不是知识问题"[5]。人们经常谴责那种不问世事的学者，他们只顾研究自己的学问，却不关心自己的学术与社会需要有什么关系。但弗莱却坚持为这种自由的学术生活的价值做辩护，他认为真正的学术必然深奥难解，不容易被普及给大众，"真

1　阿诺德:《批评集: 1865》，杨果译，中央编译出版社，2017年，第40页。

2　阿诺德:《文化与无政府状态: 政治与社会批评》，韩敏中，译，生活·读书·新知三联书店，2008年，第34页。

3　特雷·伊格尔顿:《二十世纪文学理论》，伍晓明，译，北京大学出版社，2007年，第19页。

4　N. Frye. *The Stubborn Structure: Essays on Criticism and Society*. Ithaca: Cornell University Press, 1970: 23.

5　Ibid: 5.

正意义上的学者只对他的学科（subject）负责"，"他纯粹献身于学术"[1]，任何人都无权干涉他的学术。正如科学家应被允许自由地探索科学世界，公众不应过于急切地要求他们兑现其科学发现的功能一样，批评家也应该被允许专注于文学知识生产，不必关心这些知识可以有哪些用途。任何社会需要都必然是暂时的，与人们当下的愿望、理想以及所处的社会状况有关，而真正的知识却应该带有永恒属性。总之，对弗莱来说，文学批评无论是在其方法、原则还是在职业态度上，都应该向它的科学邻居看齐，只有这样，它才有可能被人们严肃对待。

# 余　论

在20世纪六七十年代这样一个文学批评面临新的合法性危机的背景下，原型批评确实在一定程度上暂时解决了批评的合法性问题，那就是让批评进一步向科学靠拢，在研究态度、方法以及知识生产效率等方面都要媲美它的科学邻居。然而弗莱终究未能回答时代命题，那就是批评在当时的历史时代下需要发挥哪些功能。他虽然为文学批评带来了短暂复兴，终究还是被后来人抛弃，成为多数时间只在教科书里才会出现的一件知识古董。就像伊格尔顿所说，在"以计算机般的效率把每部作品投进它事先定好的神话学小孔"[2]之后，文学批评究竟还应该干些什么呢？应当说，弗莱并非对批评的功能问题毫不关心。从他为《批评的解剖》所撰写的导论部分就可看出，这个问题实际上从一开始就萦绕在他心里。他说："关心文学艺术的人经常受到别人质问，这些问题有时不怀好意，

---

1　N. Frye. *The Stubborn Structure: Essays on Criticism and Society*. Ithaca: Cornell University Press, 1970: 4.

2　特雷·伊格尔顿：《二十世纪文学理论》，伍晓明，译，北京大学出版社，2007年，第90页。

即问他们所从事的工作究竟有什么用处或价值。"[1] 但在弗莱看来，提出这种问题的人通常都不是真正关心文学的人，要直接回答他们提出的这个问题是不可能的，因为文学研究不可能给出符合这种提问者心中所期待的那种"用途"，也就是在经济、道德或政治方面的实际效用。而对那些真正关心文学的人来说，这个问题又无须回答，因为，"对于关心文学的人说来，需要回答的首要问题不是'研究文学有什么用处'，而是'如果研究文学可能的话，下一步该怎么办？'"[2] 也就是说，在弗莱看来，文学批评的合法性基础不在于它的功能，而在于它的方法。现存文学批评的危机的根源在于它没有成为一个科学的知识生产部门。人们通常期待人文学者像阿诺德所说的那样成为文明圣火的传递者，批评家也常常自诩为公众的价值裁判和精神导师，但弗莱认为这些都是错误的身份认同，"作为一个学者，他是什么取决于他给社会带来什么，这就是他的学术"[3]。在大学已经成为整个社会的知识供应站的时代背景下，能否生产专业知识成为批评家的合法性基础。

早在1915年，哥伦比亚大学的杰弗逊·弗莱彻（Jefferson Fletcher）就说："无论如何，我们需要的不仅仅是新的方法，还有对文学研究更大的文化状况进行认真思考和公开辩论。"[4] 只要围绕文学批评的危机没有被视为整个社会状况更大危机的一部分，那么人们通常都会把问题的根源归咎于方法问题，并且也会进一步寄希望于用更加"科学""有效""严谨"的方法来提升文学研究的学科专业化水平，进而赢得管理者和其他

---

1 诺思罗普·弗莱：《批评的解剖》，陈慧等，译，百花文艺出版社，2006年，第14页。

2 同上。

3 N. Frye. *The Stubborn Structure: Essays on Criticism and Society*. Ithaca: Cornell University Press, 1970: 37.

4 转引自 Gerald Graff. *Professing Literature: An Institutional History*. Chicago: The University of Chicago Press, 2007: 96。

竞争院系的尊重。尽管弗莱以科学的名义改造文学批评，但他所提出的原型批评毕竟只是一种理论假说，而不是"发现"，更不可能以科学方式加以验证。当然，正如罗伯特·丹汉姆（Robert D. Denham）所说，"即使他的答案不令人满意或不令人信服，他迫使我们提出的其他问题也绝非微不足道"[1]。文学批评又一次迎来合法性考验，它的辩护理由究竟需要从哪里找到？虽然弗莱没有给出正确的解决方案，他背后的目的仍旧值得尊重，那就是保存和提升文学研究在大学里面的学科地位。以我们今天的"后见之明"来看，文学批评在20世纪60年代前后所遭遇的合法性困境的根源并不在于其科学性不足的问题，而在于已经垄断多年的新批评所倡导的那种内部研究已完全无法应对新的社会局面的问题。60年代的美国正在进入前所未有的社会动荡期，女权主义、黑人民权运动、越战问题、新左派浪潮等等，代表不同政治派系的意识形态斗争和社会运动此起彼伏。以往以新批评为主的文学批评模式非但不能回答人们关心的问题，反倒暴露出它与保守势力相互勾结的可疑之处。在这个时候，人们最需要的绝对不是能够一劳永逸地解决所有问题的神话原型批评，而是需要不断地回答文学研究与人们的当下生活究竟存在哪些关系，他们对身份、自由、平等和正义等价值的渴望究竟能否通过文学研究得到回答、甚至是解决。而这正是各种理论热潮开始兴起、取代新批评和神话原型批评的根本原因。

---

[1] Robert D. Denham. "Northrop Frye and Critical Method. Doctoral Dissertation, The Pennsylv ania State University, 1978." https://macblog.mcmaster.ca/fryeblog/critical-method/preface.html, viii.

# AI之眼：汉语诗歌的涅槃与重生

王毅*

**摘要：** 随着AI文学写作的诞生与发展，文学艺术迎来前所未有的挑战。目前相关话题的讨论多集中于AI写作本身，而更有价值之处也许在于，借助AI写作重新镜映人类文学。文学各种体式中，诗歌是最高级形式，而即使置诸世界文学范围，汉语诗歌因其文字、语法以及形式特征，必将成为AI写作的最佳试验场所。透过AI之眼可以发现，旧体（甚至古典）诗歌与自由体新诗将会面临衰竭与勃兴的不同命运，其根由在于古今汉语诗歌语言、体式以及价值追求等方面的差异。AI写作事实上正在剥离繁杂枝节而逼近诗歌核心：人类对自身与世界的自由探索与表达。

**关键词：** AI写作　古典诗歌　旧体诗歌　自由体新诗　挑战

## 一、AI之眼：问题的提出

漫长历史中汉语诗歌经历过无数的挑战与应变，但这次肯定不同。人工智能（AI）写作使得汉语诗歌面临着前所未有的复杂情势，历史上从来没有一次挑战来得如此根本和紧迫。

---

\* 王毅，华中科技大学人文学院教授。

根本性在于，它不是个体诗人之间的高下衡量，比如延续至今的李杜之争；不是流派、风格之间的不满与改造，比如现代诗歌史上新格律诗派针对初期白话诗歌所做的"结构性的调整"[1]；甚至也不再是语种、民族、国家视野下的比较，比如，现代汉语诗歌更主要地起源于唐宋诗词主流传统还是"非我族类"的外来诗歌影响，等等。这个挑战来自"非我人类"而不是非我族类。现在，机器面对着整个人类，冰冷、无知且面无表情。根本性还体现在，人类会讲故事，语言即故事，也是意义本身的策源地。诗歌乃语言的最高级也最极端的形式，所谓最高的语言艺术，或者"最全面的言语形式"（I.A.瑞恰慈语）。机器在诗歌领域如果可以取代人类，这很可能意味着人类自身的价值和意义终将动摇甚至坍塌。

那么，机器是否终将取代人类的诗歌写作？就已经取得的科学成就而言，理论上讲，科学未来的成就注定将溢出人类目前的想象，无人能够预测AI写作的终极情景。由于想象力的局限，目前大概只能悬置对科学未来的假设，但这并不妨碍考量已有的AI写作。

即便如此，也很容易发现来自机器的挑战已经具备了特殊的紧迫性。紧迫性在于，目前的AI诗歌写作已经提出了这个既难回避又难回答的问题：人类是否能够区分AI与人类诗歌写作？

为使问题变得更加直观，不妨列举四首汉语诗歌如下，其中既有AI写作的旧体诗歌，也有人类写作的古典诗歌和旧体诗歌。[2]

第一首：

---

1　钱理群、温儒敏、吴福辉：《中国现代文学三十年（修订本）》，北京大学出版社，1998年，第125页。

2　方便起见，这里笼统地将古代文学中业已存在的诗歌称为古典诗歌，（现当代文学意义上）今人沿用古典诗歌形式写作的文本称作旧体诗歌。

一夜秋凉雨湿衣，西窗独坐对夕晖。
湖波荡漾千山色，山鸟徘徊万籁微。

第二首：

荻花风里桂花浮，恨竹生云翠欲流。
谁拂半湖新镜面，飞来烟雨暮天愁。

第三首：

月晕天风雾不开，海鲸东蹙百川回。
惊波一起三山动，公无渡河归去来。

第四首：

幽径重寻黯碧苔，倚扉犹似待君来。
此生永失天台路，老凤秋梧各自哀。[1]

　　绝大多数读者对此难以辨识。[2] 之所以是绝大多数而不是所有人，是

---

1　这里的四个文本，第一个出自AI写作，其他三个出自人类写作（二、三为古典诗歌，第四为旧体诗歌）。

2　我在汉语言文学专业的本硕课堂上做过测试，结果虽然不难料想但依然非常有趣。在比较宽松（手机在他们手中）的氛围里，给学生足够时间进行研判。他们愉快自信地表示能够识别——事实上的确给出了正确答案。我出于好意宣布该课程结业考核方式因此改为：提供10首诗歌，同学需独力识别其中5首AI作品。正确一首得20分，百分制。教室里一片惊恐的尖叫，全班反对。计划流产。

因为也许有人碰巧学习过古典诗歌《秋夕湖上》或者《横江词其六》，具备正确分辨的能力。问题在于，跟AI比较起来，知识性学习恰恰正是人类的软肋。如果诗例增加，辨识难度无疑大幅度提升，也就更令人绝望。AI诗歌写作才刚刚开始，即使悬置了AI科学未来发展近乎无限的可能性，也承认AI没有情感，但它制作的文本却依然难以分辨。我们既无法自欺欺人地视而不见，也没有勇敢到可以断然放弃诗歌——那无异于放弃价值意义甚至人本身。难道真的未来已来？

在更为广阔和幽深的视野里，人文与科学从来都既亲如手足又互为寇仇。在狭义科学飞速发展的数百年间，人文与科学的缠斗、亲昵更加紧密。它们在相互的逼迫中镜映彼此。鉴于此，更可行的应对也许既不是漠视AI写作，也不是惊呼文学（人类）的末日，而是借助现有AI写作的视角，重新观照文学以及人类自身。在最理想的情形下，既可以剥离文学认知中繁杂枝节的遮蔽，也能够为人工智能的发展提供来自人文学科的助力。[1]

所有的棋类游戏中，变化最为复杂的围棋成了AI攻克的最后一道防线。在文学的各种体式中，诗歌应该是AI写作中难以绕开的对象。对于这种最为精致的语言艺术，布罗茨基如此看待诗歌与其他文体的关系："诗歌作为人类语言的最高形式，它并不仅仅是传导人类体验之最简洁、最浓缩的方式；它还可以为任何一种语言操作——尤其是纸上的语言操作——提供可能获得的最高标准"。[2]同时，从语言文字以及语法结构等方面看，独立方块文字、单音节、松散的语法结构等等特征，使得汉语也许是世界上最适合写诗的语言文字。那么，在人文与科学、文学

---

[1] 参见韩水法:《人工智能时代的人文主义》,《中国社会科学》,2019年第6期, 第25—44页。

[2] 布罗茨基:《怎样阅读一本书》,载《文明的孩子》,刘文飞、唐烈英, 译, 中央编译出版社, 1999年, 第68页。

与AI的关系中，AI汉语诗歌与人类汉语诗歌写作刚好是难以替代的绝佳考察对象——如果不是唯一对象的话。这对汉语诗歌如此，对AI写作亦如是。

## 二、不同的命运之一：涅槃

如果AI制作的旧体诗歌已经可以乱真，[1]其后果必然是写作主体在碳基（生命）体与（广义）硅基（生命）体之间的难以辨识，并最终导致旧体诗歌面临被湮没甚至完全沦陷的处境。

AI技术在极为夸张的意义上回应并印证着本雅明当初的洞见，"机械复制时代"艺术品庞大的数量，终将消弭原作时代艺术的神圣光环。本雅明应该感到幸运的是，他还仅仅只是身处"机械复制时代"，没有来得及看见人工智能艺术可能的、完全不同量级的产量。具有主体性的诗人、作家、艺术家之所以有价值、被铭记、受尊敬，是由于作品所带来的独特价值的突出性。而AI模式化的（可能性）大量写作以其共名方式极大地削弱和模糊了人类写作的个性化标识。AI共名之下，个性化辨识度将逐渐失去光彩，写作主体的存在对于写作本身不再具有以往的意义。也许，到了这时，罗兰·巴尔特（尽管并不是通过AI之眼）的声音才足够洪亮：作者已死。

不过，旧体诗歌写作主体的问题看似并不特别值得担心。那些经典作家的名字似乎总会在历史的漫漫长夜里熠熠生辉、千秋万代。比如唐诗宋词已经分别是文学世代和文体的顶峰，今人的旧体诗歌写作本身就是唐宋诗词的降维写作，那么，在AI的旧体诗歌写作面前，因为AI写

---

1　此处所谓"真伪"主要针对人与（非人的）机器而言，并不针对诗歌本身。

作的共名而丢失汉语中的部分旧体诗歌写作似乎并不特别感觉遗憾。但是，一旦考虑到今人的旧体诗歌写作与古典诗歌之间无法忽略的紧密关系，就会意识到真正严重的问题恰恰正是：旧体诗歌如果在AI的写作面前沦陷，那么辉煌的古典诗歌也可能因此黯淡甚至坍塌——因为古典诗歌与旧体诗歌享有这种可能性的共同理由：文字符号的规则化倾向。赵毅衡从符号学角度对媒介与文本（内容与形式关系）做过富有启示意义的解释："看似人工智能触动的只是媒介，但真正引发的却是整个艺术变革。""在艺术中，媒介与文本无法分别，因为艺术的主要意义方式是媒介的'自我再现'（self-representation）。符号学家诺特（Winfred Noth）提出：科学／日常符号文本的特点是'客体再现'（object-representation），而艺术的主要特点则是媒介的'自反性'，即符号文本的自我再现。艺术文本都有跳越对象的趋势，目的是朝更丰富的解释项开放。任何文学艺术作品，多少都符合这规律：诗歌韵律平仄之精致，无助于再现对象，只是再现自身之语言美；书法的笔触狂放恣肆，无助于再现对象，而是再现了笔墨的韵味。越到后现代，再现对象越淡出，而各种人工智能艺术，更以媒介的变化为最大特征。"[1]

　　古人的古典诗歌与今人的旧体诗歌恰恰是在艺术形式上分享了共同的理由和依据。那些形式规则正是今人旧体诗歌写作的基本依据或者说文学惯例。古典诗歌是今天旧体诗歌的根源，今人的旧体诗歌是古典诗歌的延续。那么，今人旧体诗歌写作的沦陷，也就势必回溯性地引起古典诗歌本身的坍缩。如果今人旧体诗歌在AI写作面前沦陷，古人的古典诗歌必然难以保全。在AI的共名化写作面前，李、杜之争究竟还有什么

---

[1]　赵毅衡：《人工智能艺术的符号学研究》，《福建师范大学学报（哲学社会科学版）》，2020年第5期，第107—115页。

意义？"我消灭你，但与你无关"——这飞扬跋扈却又残酷冷血的话语出自科幻小说《三体》，它足够嚣张但绝对真实——连一声"对不起"都没有。在科技与人文的关系中，这既不是第一次也绝不是最后一次：古典诗歌、旧体诗歌似乎正在遭遇类似跨界打劫的厄运——科技界的AI（人工智能）本身与文学艺术看似毫不搭界，却对旧体甚至古典诗歌顺手实施了毁灭性打击。古典诗歌几千年悠久、坚实的积淀，难道真的如此不堪一击，这究竟是否以及如何可能？

在回答这个问题之前，首先需要厘清跟诗歌最直接相关的一个关键性概念，"诗意"。这个概念早已溢出诗歌专业领域，在文学艺术乃至社会生活的方方面面广泛使用，变得如此油滑以至于难以把捉，因为它涉及"诗"与"意"在语言的语义、语用、语境、文体等多方面的复杂关系。语言的日常使用主要停留在话语信息的传达与交流层面，而文学语言却不仅于此，更主要地活跃于隐喻与象征层面。日常化语言一旦进入到语用意义上的隐喻象征层面，不管是在诗歌、小说、散文或者戏剧哪种文体中，它就开始具备"诗意"，某种具有特殊意味的"言外之意"。比如说，可以认为《红楼梦》《边城》等小说具有浓烈的"诗意"；或者，根本不需要进入固定的文学文体，日常生活中的含沙射影、指桑骂槐、微言大义，甚至日常说话中的误解（从听话人角度），只要语言的语义在语用过程中（不管出于什么目的）离开了简单的信息传递而具备了隐喻与象征的"言外之意"，此时的语言或者言语即事实上带有了"诗意"。只不过，在大多数情况下"诗意"一词偏于被美好化地使用。在这个意义上，当我们说"人人都是诗人"或者"年轻的时候谁都是诗人"，这一点也不夸张。当然，这里的"诗人"其实指的是充分具备或者能够领会"诗意"的人。当"诗意"以诗歌的文体形式呈现时，它就成为诗歌，而在非诗歌的其他文体中，它就成为小说、散文或者戏剧中的"诗意"。

接下来的问题是，既然所有的文学写作事实上都不仅是语义的简单传递，而更是隐喻与象征的"言外之意"，也就是说，只要是文学写作，都具备"诗意"，为什么偏偏将它命名为"诗意"，而不是"小说意""散文意""戏剧意"？这关涉诗歌的文体特征问题。跟诗歌比较起来，其他文体更多地具备语言的实用交际功能，而诗歌最突出的特征无疑是经济原则，这就使得诗歌文体最大程度地宽容（其实不得不如此）字词、意象的大幅度跳跃，词语语义表面上的逻辑扭曲、断裂，所谓的"无理而妙""反常合理"等等，语言的交际功能在诗歌中可以甚至经常被严重弱化。在几种文体中，诗歌语言的"言外之意"跟日常语言作为信息传递与交流功能的语义之间具有最大距离的差异和断裂。这就是何以诗歌往往被定义为最高级的语言艺术——它对语言进行最极端最扭曲的锻造。同理，瓦雷里将诗歌比作跳舞而（广义）散文只是走路；布罗茨基将诗歌看作空降兵，散文只是地面部队，诗歌是散文的伟大训导者。

因此，面对AI文学写作，人类文学的最后防线一定会是诗歌而不是别的文体。所有的AI写作中，唯有AI的诗歌写作才是最为恰切的试验、研究对象。这有文体学意义上的特殊依据。

以此回顾汉语诗歌就可以发现，（古代）汉语也许的确是世界上最适合写诗的文字。汉语的独立方块文字、古代汉语写作以单音节词为主以及松散的语法结构等基本特征，导致古代汉语（无论古今）的写作自带诗意，造就了辉煌的诗歌历史。否则，很难想象古典诗歌乃至文学中有如此繁复精巧的骈四俪六、对句对联，匪夷所思的回文诗歌等等。诗歌写作是一个意义生产、呈现的过程，古代汉语的单音节便于意义的拣选、组织与呈现。从一个单音节的汉字（词）到另外一个之间，似乎其语义越是距离遥远，反而越能具备某种神秘、晦涩的意义，也往往更给人以揣摩诗意的机会。[1]而松散语法结构、独立方块文字与诗意之间的关系，在极端情形下表现得特别清晰。比如，宋人李禺的回文诗《两相思》（更不用说回文诗章《璇玑图》八百多字和所谓上千种读法）："枯眼望遥山隔水，往来曾见几心知？壶空怕酌一杯酒，笔下难成和韵诗。途路阻人离别久，讯音无雁寄回迟。孤灯夜守长寥寂，夫忆妻兮父忆儿。"顺序读作"夫忆妻兮父忆儿"，倒序则成"儿忆父兮妻忆夫"，无须任何字句调整即可全诗倒读。语言文字上的单独成意、语法结构上颠来倒去的适意配合所造就的"诗意"，即使在现代汉语诗歌中也仍然在一定（大幅度削弱了的）程度上继续延伸，比如20世纪20年代"诗怪"李金发式的、70年代末期朦胧诗式的所谓"朦胧"，更不用说80年代以来所谓先锋诗歌式不知所云的写作。由此，似乎可以放心地得出这样的结论：尽管世界上各种语言文字都必得适应诗歌文体的经济性原则，但在各种语言文字与诗意呈现之间，汉语也许是其中最典型的代表之一（也许没有之一）。于是，如果在AI文学写作中，AI诗歌写作是最为恰切的试验、研究对象，那么，在AI诗歌写作中，AI汉语诗歌写作在世界科学研究领域一定具有特殊的价值。

不过，这对于汉语诗歌本身未必是好消息。看似汉语及其语法特征在诗歌写作上的优势，换一个角度它也可能正是汉语写作的致命伤。透过AI之眼，这个优劣之处能够清楚地被进一步放大。

首先，经过AI对汉字的排列之后，那些自带诗意的汉字本身仍然带

---

1　诗歌在很大程度上正是靠一点一点的琢磨产生乐趣。至少照法国象征主义诗人看来，理想的方法是暗示事物；相反，叫出一个事物的名字就会破坏诗的大半乐趣。这也是当初周作人推介李金发诗歌的理由：将法国象征主义与中国传统"兴"的写法结合，将是中国新诗写作的未来方向。

有诗意。即使单从文字和语法的角度看，其结果几乎必然就是，对于尤其是旧体诗歌的写作而言，AI便于模仿而我们难以分辨。它可以相当轻易地通过图灵测试（The Turing Test），比如如何判定这到底是人为还是机作："迟日江山丽，春风花草香。泥融飞燕子，沙暖睡鸳鸯"？

其次，在古典诗歌的形式体制上，旧体诗歌是有门槛的写作。古音韵、字音平仄、形式格律，从上古歌谣的二言、诗经的四言、魏晋五言乃至最终日趋整饬的七言律体，这是长时段里一代代人逐渐打造、完善而成的一种范式、模型，而且首先是一个知识性的模型。对于今人写作旧体诗而言，这是一个并不算低的门槛。没有相关专门知识的学习和反复操练，写作一首合格的旧体诗并非易事。这个范式或者模型是今人写作旧体诗歌得以登堂入室的门径，但也正好成为AI得以攻破旧体诗歌城堡的入口。在AI面前，这个模型露出了它的命门：在固定知识和可以量化的模型面前，人远不如机器。格律与规则，固然成就了古典诗歌和旧体诗歌，但也很可能是汉语诗歌自身的病毒与特洛伊木马。

# 三、不同的命运之二：重生

跟古典、旧体诗歌不一样，新诗具有完全不同的命运。

同样是诗歌，同样使用汉语，相较于古典、旧体诗歌，新诗究竟"新"在哪里？这个涉及新诗合法性问题的本源性追问，折磨了新诗一百多年。"新"过了一个世纪之后，新诗已经旧成了百岁老人，却依然不得不为自己的诞生和存在寻求辩护。面对国家意志背书下越来越辉煌的古典诗歌传统，新诗老祖胡适进化论意义上（所谓"一时代有一时代的文学"）新旧之间的价值等级秩序已然翻转。至于新诗（并因之而起的现代文学）之现代性，不管在哪个面相上，再也没有比"现代性"更含糊的概念了——如果用"现代性"为"新诗"辩护，大概类似于让幽灵去攻占火星。[1]即使降落到最具体的操作层面，比如国家高考的"作文"要求，也是所有考生都熟知的规定——"文体不限（诗歌除外）"，而真正让新诗羞愧难当之处还在于：被"除外"的"诗歌"中，旧体诗歌偶尔可以被容忍。汉语新诗的第一本诗集是胡适的《尝试集》，命意来自对陆游"尝试成功自古无"（《能仁院前有石像丈余盖作大像时样也》）的反驳，力图证明"自古成功在尝试"。陆游是对的，"斜阳徙倚空三叹"。今天连提起"新诗"这个名称都深感理屈词穷，新诗界更愿意用"现代诗歌""现代汉诗"等名称以躲避新诗之"新"。

如果仅仅囿于文学内部，汉语诗歌新旧之争相互间缺乏足够的说服力，也许就需要升维到另外的层面：透过AI之眼重审新诗的合法性问题。就真实且可把握的方面而言，相较于古典诗歌与旧体诗歌，新诗之"新"其实只有语言与形式两个因素：由古代汉语衍变为现代汉语，由模式化的格律形式转为无既定形式的自由体写作。

语言衍变与现代文学各方面之关系，已有不少研究成果。就新诗写作而言，最根本也最重要的点也许在于，从古代汉语单音节词为主转换为现代汉语的双音节为主。

如前所述，古代汉语的独立方块文字、单音节词为主与松散语法结构等特征，极易造成古典诗歌含混朦胧的"诗意"。这一方面导致了诗歌本质性（甚至新批评意义上）的含混意境，另一方面则更多地停留在情感抒发层面。这大概就是现代诗人穆旦所感觉到的：古代诗歌总是"一团诗意"；也是陈世骧、王德威等人理论上所抽绎的"抒情传统"。

---

1　江弱水著有极具启发性的专著《古典诗的现代性》（修订版），生活·读书·新知三联书店，2017年。

而现代汉语的双音节词以及逐渐明晰的语法、语义逻辑关系，使得新诗则不得不具体，也很难模糊抽象。正是在这个意义上，才能真正明白胡适当初关于新诗的"金科玉律"："（新）诗须要用具体的做法，不可用抽象的说法。"[1]胡适相当精准地感知到了汉语因为单音节和双音节所分别导致的抽象与具体之间的显著差异。不过，可能是因为面对强大的古典诗歌，现在看来，胡适显得过于惊慌失措而反应过度了。事实上，古典诗歌单凭自带诗意之单音节词的适意搭配就可以"创造"出诗歌（诗意），这种情形在现代汉语双音节词为主的语境下已经不复存在。要创造诗意，新诗人就必得凭借自己的技艺对这些双音节词语予以挑拣、调配。比如，古代汉语中的单音节词"道"，进入现代汉语语境中必然具体为"道"的各种义项中的某一种而且仅此一种。它已经不可能如其在古代汉语中那样，既是天道也是人道；既是脚下的道路也是言说。如此，语言衍变之后，新诗人丢失了古代汉语本身诗意的加持，不得不面对所有没有高低贵贱的词语进行选择——这就意味着"自由创造"。顺便由此可见，中国古代诗论中颇具争议的所谓"诗家语"的确真实存在，但它不是局部而是整体性地存在。即，"诗家语"其实并非某些特殊古代汉语字汇的合集，而是古代汉语独立方块文字、单音节词与松散语法结构共同造就的诗意，这种诗意是汉语天然生就、自带的。因为现代汉语词语在音节上的变化，导致新诗写作必然只能借用明白清晰（因此了无诗意）的现代汉语进行各种"创造"，也就是（胡适意义上的）"尝试"，从早期白话到新格律再到初期象征派，从口语诗到知识分子写作再到下半身写作，等等。新诗不再有古典诗歌意义上的"诗家语"，也永远不可能成（古

---

1　胡适：《论新诗》，载陈金淦编：《中国现代作家作品研究资料丛书：胡适研究资料》，北京十月文艺出版社，1989年，第385页。

典意义上的）型。新诗不会长大，并因此会永远活着。如果仍然可以从根本上将艺术视为一种游戏，那么这里可以清楚地看到：对绝大多数古典诗人和全部的旧体诗人而言，是在玩游戏，而新诗人却是在创造游戏本身。这是新诗现实的苦难，也是它可能的荣光。

这种可能性在汉语诗歌的形式体制方面可以得到进一步说明。

前文所谓AI写作的旧体诗歌已经足以乱真，乃是从创作主体而言，其"真伪"针对人与非人的机器而言：以人的写作为真，以AI写作为伪。这并不针对诗歌本身。若就诗歌本身而言，则只有优劣而无所谓真伪，这关涉诗歌的事实与价值分野。大致而言，诗歌有两个不同层级的评价标准。首先是事实层面的"是不是"；其次是价值层面的"好不好"。事实与价值在实际的诗歌批评中往往被有意无意地混淆。就事实层面而言，只要具备诗歌的（无论新、旧）艺术形式，即可视为诗歌，这是最简单但也最有效的评价标准；从价值层面说，不少诗歌文本徒有其艺术形式，并无特殊价值，由此可以区分诗歌写作的高低优劣。

一首汉语诗歌究竟"是不是"旧体诗歌？判定起来并非难事。旧体诗歌具备明显的形式规范，进而顺理成章构成了形式体制上的确切评判标准。可见，古典诗歌有层次分明的事实与价值两个评价层级。跟旧体诗歌写作比较起来，新诗只有价值层面的"好不好"，而缺乏事实层面（"是不是"）的标准。这是因为，从事实判定层面看，由于缺乏明确的形式体制标准，新诗也就直接越过了这个层级。众所周知，新诗最主要的形式是自由体。这可以说是一种形式，也可以说是无形式。更巧妙而形象的说法来自郭沫若——将其称作"裸体形式"，一种无形式的形式。缺乏明确的形式规范，是新诗最受诟病的几个方面之一。责难既来自新诗外部——在雍容华贵的古典诗歌面前，新诗像没抹香水甚至没穿衣服就出了门一样粗鲁寒酸；也来自新诗内部——那些积极为新诗建立新格律的新诗人，以及热心建设新诗"格律形式"的理论家，忙着以各种方式给"裸体形式"的自由体新诗挡上遮羞布。

如果非要描述新诗这种无形式的形式，那么在"是不是"这个事实层面就只有一个标准：分行排列。这看起来就是一个玩笑，新诗事实上也就是这么被笑话的。

这个玩笑最典型最广为人知的例子，大概要归属于"梨花体"事件。缺乏思考能力却从不缺乏激情的网民们，潮水般在"梨花体"诗歌下面跟帖，嘲笑自由体新诗写作的唯一技巧就是"敲回车键"。这大概是最有代表性的一首跟帖自由诗写作："拜读／大作／循声／而来／惊为／天人／原来／我也可以／写／诗"。狂欢着的网民们没有想到的是，这种"敲回车键"式的自由体新诗写作，背后有着相当强硬的诗学理据：在事实层面，（"敲回车键"或者任何别的方式的）"分行排列"是自由体新诗的唯一标准，至于"梨花体"的写作在价值层级的"好不好"，显然属于另一个问题，需要深厚的诗学修养或者专业而深入的诗意分析。这于一般网民显然难以接受，但他们却可以轻易地将两个不同层级的标准混为一谈，用"好不好"取代"是不是"。可见，就自由体新诗的形式体制而言，"分行排列"这个标准与其说是一个笑话，毋宁说是一条真理，虽然在目前这种后哲学文化语境下，任何有关真理的陈述都无异于冒险。

更进一步，汉语与诗歌表达形式上的衍变，也许终将逐渐修正汉语表达逻辑与思维方式。葛兆光在《中国思想史》中论及唐代所在的8世纪的知识与思想状况时，用"盛世的平庸"予以总结。[1] 换句话说，唐代

---

1　葛兆光：《中国思想史·第二卷：七世纪至十九世纪中国的知识、思想与信仰》，复旦大学出版社，2000年，第一编第一节。此后第四节"语言与意义：八至十世纪中国佛教的转型（下）"，即使置诸诗歌领域，也仍然极具启发性。

诗歌的辉煌是以没有一位思想家为代价的。现代汉语语境中，独立方块文字的单音节词扩展为双音节词语，后者相对更加准确具体。换句话说，一个（现代汉语）双音节词语比较起一个（古代汉语的）单音节词语而言，现代汉语的语义变得更加清晰和明确。事实上，现代自由体诗歌写作中20世纪30年代以来的所谓智性化写作或者叙事性写作倾向，正在越来越有力地论证着这种古今之间在逻辑与思维方式上的逐步衍变。这也就跟胡适新诗信条中"要用具体的做法，不可用抽象的说法"相一致：古典诗歌中大量内涵模糊的大词，极易导致抽象的"一团诗意"。这固然长于抒情，但明显短于逻辑思辨。

最终，自由体新诗跟旧体诗歌比较起来，它们都有各自非常容易模仿的地方。只不过，各自的难易所在完全不同。

旧体诗歌的写作难度在于它的格式门槛。没有对旧体诗歌基本格式知识的把握，写作者难以入门——即使从来都因浅白粗鄙而遭到嘲笑的打油诗，也得遵循旧体诗歌的一些基本规则。而一旦入门，旧体诗歌就很容易得到形式本身的加持而自带诗意；自由体新诗的写作难度完全不在这里。自由体新诗因其"自由"，看似毫无门槛，认识汉字、会敲回车键就可以"自由"写作。但难题在于，没有门槛也就没有门径：所有的新诗写作都得给自己寻找门路，建造自己的诗歌城堡。那些徒有自由体新诗形式的写作，虽然在事实层面上可以被称为自由诗，但很快就会在价值层级上被遗弃。

公平起见，这里所谓"所有的新诗写作者"，当然应该包含"非我人类"的AI自由体新诗写作——既然它作为挑战者。在面对自由体新诗写作时，AI跟血肉的你我一样四顾茫然，不得其门而入。如果AI分别面对汉语旧体诗歌与自由体新诗，对前者它面临的主要是知识性测试，这是它比人本身更能胜任的任务；对后者它面临的是人类主体的自由意志或者说心灵性测试。至少在目前的弱人工智能（ANI）状态下，它面对的自由体新诗（而不是旧体诗）真正成了卡夫卡笔下K所一直试图进入的那个城堡：永难抵达。这个"永远"究竟有多远？它正好是机器与人之间的距离。如果有一天人工智能机器进入到强人工智能（AGI）或者超人工智能（ASI）状态，它与人类之间的距离消失，那么这个"永远"就将结束。

至此，可以重新回答这个问题：新诗究竟"新"在哪里？"新"的全部秘密都隐藏在自由体新诗的"自由"这个词语上。这里所谓的"自由"，是指在自由体新诗中各个层面的可能性含义，既包括技艺层面以现代汉语为主进而对古今中外各种语言文字、语法的借用、锻造，诗歌形式体制上的"法无定法"各种可能性的尝试；也包括形而上精神价值层面的好奇与探索，甚至包括对"自由"这个难以界说的大词本身的理解与表达——从个人莫名的意志冲动到比如哈耶克等人严密整饬的理论言说。因此，新诗更准确的命名也许应该是"自由体新诗"，这固然区别于汉语古典诗歌与旧体诗歌，也区别于努力建构中的各种新格律诗歌——就尚未成型而言，新格律诗不妨视为自由体新诗的一部分；就其试图抵达的终极目标而言乃是古典诗歌的延伸。恰恰在这里，就自身存在的合法性理由而言，自由体新诗并不跟古典诗歌以及旧体诗歌分享共同的依据，也因此并不分担面临AI写作时可能的共同沦陷风险。正是在"自由"这个一切奇迹产生的基础上，镜照出的不是汉语诗歌而恰恰倒是AI写作上的慌乱。

遗憾的是，不少人正是以旧"式"期待着新诗。这造成非常吊诡的局面：面对旧体诗与自由体新诗的时候，关于它们究竟是不是旧体诗或者是不是新诗的问题，读者的第一感觉非常不同。很少会有人对旧体诗在"是不是"旧体诗的问题上发生质疑，却总是对（普通读者以为没有

"诗意"的）新诗发出质疑：这也是诗歌？貌似质疑者口袋里面装着一份关于新诗的标准答案或者强硬的衡量标尺似的。从胡适至今，每一种新的自由体诗歌写作潮流和风格出现，从头至尾都一直在不同程度遭遇类似质疑。虽然从理论上说，关于"是不是"这个问题，新诗本身是最不需要也最不该被质疑的——分行就是诗歌。这种吊诡的情形敞开的是，"诗意"从来都被牢靠地锁定在古典诗歌上面。新诗的读者站在新诗的门外，秉持着旧体诗的形式规范以及由此而来的"诗意"美学惯例，焦急而且怒气冲冲地等待着新诗的出现。新诗的读者越过了事实层面的判断，径直用价值判断覆盖了事实判断。而旧体诗的读者因为其清晰可见的形式规范，绝不质疑旧诗的"是不是"问题——不过，往往也就仅仅停留在事实层面，不再追问旧诗的价值意义，因为旧诗的形式规范貌似已对价值意义本身提前予以了担保。

至于汉语与诗歌的关系以及汉语诗歌新、旧之间相互的连续性，现在透过AI之眼，能够看到的正是汉语诗歌自身的演变，从涅槃到重生：从旧体诗歌甚至古典诗歌的涅槃到自由体新诗的重生。至少在目前为止，汉语诗歌不会死亡，它只是更换了自己出场的面容与装备，而这也正是新诗之"新"以及"新"的意义所在。或者说，这种以变化（change）而不是模仿式复古为旨归的"新"，才是汉语以及汉语诗歌之"心"。

## 四、诗歌的技艺与价值：背后有人

AI已经可以用汉语写作旧体诗歌，也必然不会放过制作新诗的机会。2017年北京联合出版公司推出微软小冰诗集《阳光失了玻璃窗》。随之而来的是带有浓重商业意味的欢呼和莫名的惊恐。[1] 不过，欢呼与惊恐都显得有些夸张，因为这一次AI诗歌写作面对的是自由体新诗这个对手。面对自由体新诗，AI写作至少暴露出易于识别的两个显著缺陷。

首先，AI新诗写作"有句无篇"，这差不多已成学界共识。"有句"是指AI新诗写作中的某些句子颇有诗意。比如，诗集的标题"阳光失了玻璃窗"显然比"玻璃窗失了阳光"更有诗意，这正是AI新诗写作令人感觉惊艳之处。如果把"句"置入"篇"中，"有句无篇"的特点会显得非常突出。这是该诗集中《我的爱人在哪》一诗："快把光明的灯擎起来了／那里有美丽的天／问着村里的水流的声音／我的爱人在哪／／因为我的红灯是这样的幻变／像是美丽的秘密／她是一个小孩子的歌唱／那时间的距离"。公平地说，其中每一个诗行都有意义甚至诗意，从"句"的角度看都能成立，但这些具有各自独立意义的诗行／诗句相互之间并不支持，自说自话。单独都有意义的诗行／诗句合在一起却反而不知所云，即所谓"无篇"。当然，这并不排除某个读者强行赋予其某种一致的意义。总会有千奇百怪的解读，总有读者能把那些并不相互支持的诗行在某种意义上联系起来，甚至还可能得到文学理论比如接受美学／读者反应批评的强力支持。但问题在于，并非每个读者的阅读反应都能得到认可，能够得到公认的阅读一定是建立在诗歌文本基础上各种阅读反应之间的相互协商。[2]

其次，千篇一律，自我重复。面对自由体新诗这种"无形式"的形式

---

1　关于这本诗集，最引人失注目的宣传文字是："人类历史上第一部100%由人工智能创造的诗集"。见百度百科："阳光湿了玻璃窗"，访问时间：2024年8月30日，https://baike.baidu.com/item/%E9%98%B3%E5%85%89%E5%A4%B1%E4%BA%86%E7%8E%BB%E7%92%83%E7%AA%97/2081 1991?fr=aladdin。

2　参见斯坦利·费什：《看到一首诗时，怎样确认它是诗》，载《读者反应批评：理论与实践》，文楚安，译，中国社会科学出版社，1998年，第46-63页。

时，AI无法理解也不能运用人类生而具备的天赋权利：自由。于是，即使在那些AI新诗写作中看似极具私人性质的所谓"定制"诗篇，其中也大量反复出现"十吨热爱""生活的对手""生活企图将他掩埋""交手那么多次"等等短语或者短句。这些句子或者短语除了在不同的诗篇中自我重复以外，它们本身就空洞抽象，放诸四海而皆准。这里不妨举两个例子：

郭立／挨过现实的铁锤／但内心依旧柔软∥与生活交手那么多次／他仍是兴致盎然∥即使了解了世界的真面目／也不妨碍他对世界储存十吨热爱（《写给郭立的专属小诗》）；

萌的心／阳光充盈，温暖细腻／里面一定住着一个春天吧∥即使了解了世界的真面目／也不妨碍她对世界储存十吨热爱∥生活，才不会／对她这样的小可爱动手呢（《写给萌的专属小诗》）。

虽是"定制"写作的"专属小诗"，其实不过是AI统一写作的"大"诗，某种尽可能抽象的写作。如果转到人类写作的立场，经过AI之眼的观照、剥离之后，AI新诗写作恰恰从相反的方向证实了：就人类写作的历史而言，从旧体至新诗之"变"才是正道；就写作者个体而言，艺术的本质在于（极具个性化的）创造，而不是（千篇一律的）模仿。这里最明显地显示出了AI新诗写作时慌乱以及匆忙的抓手：AI写作总是试图遵循某种固定的范式或者规则。

总之，AI的新诗写作不管是"有句无篇"，还是"千篇一律"以致"自我重复"，最根本的原因都在于，人类的新诗写作背后有"人"。AI在此暴露了它的"非人"本性。AI可以根据语法组合词语成为句子，但将句子组合形成完整而独特的诗篇／诗意则需要人类介入。

而且，因为前述单音节和双音节词语的关系以及由此而来的自由体新诗写作需要"具体的做法"等缘故，相较而言"有句"的情形在古典诗歌中更容易做到。在定制的"专属小诗"写作中，即使仅仅在被写作者的年龄这个具体问题上，AI新诗写作也会遭遇极其棘手的难题。它并不知道写作对象是谁，结果很容易将孩子写成大人，或者相反。唯一的应对办法只能是笼统地完成写作，这就非常类似于星相学的占星术或者江湖术士的算命：放诸四海而皆准。如果被写者是孩子，后面"生活企图将他掩埋"这样的诗句很难与之配合：什么样的生活对一个小孩这么严苛？但另一方面，这个句子依然成立，因为从宽泛的意义上说，生活会将每个人掩埋（不管年龄与身份）。这样就会发现，AI自由体新诗写作虽然使用现代汉语，但事实上它却走在古典诗歌老路上——尽可能地不具体、不及物。这是AI新诗写作的尴尬之处，也正是人类自由体新诗的立足之地：具体而求真的写作。所谓的"真"，无非是文学艺术理论中反复提及的艺术（家）的真实／诚。歌德也许集中地面对过这个问题，正如他自传标题一样：诗与真；如果还原到中国新文学之初，无非是"民主"与"科学"意义上的真人；置诸今天的现实语境，也就是被遮蔽太久的常识——"说人话"。

透过AI之眼重新擦亮"背后有人"这个常识性标准，不但可以检测AI的新诗写作，也可以回看人类自身的自由体新诗写作。"背后有人"这个常识性标准需要落实到具体的诗歌文本，深入一个文本的技艺与价值分析上，才能真正显示新诗的背后究竟如何"有人"。

下面以一个具体的新诗文本《在水果街碰见一群苹果》为例：[1]

---

1　出于分析的客观性考量，完全可以甚至应该抹去作者的名字，但出于向写作者的致敬，这里需要指出该诗作者为诗人卢卫平。

它们肯定不是一棵树上的

但它们都是苹果

这足够使它们团结

身子挨着身子　相互取暖　相互芬芳

它们不像榴莲　自己臭不可闻

还长出一身恶刺　防着别人

我老远就看见它们在微笑

等我走近　它们的脸都红了

是乡下少女那种低头的红

不像水蜜桃　红得轻佻

不像草莓　红得有一股子腥气

它们是最干净最健康的水果

它们是善良的水果

它们当中最优秀的总是站在最显眼的地方

接受城市的挑选

它们是苹果中的幸运者　骄傲者

有多少苹果　一生不曾进城

快过年了　我从它们中挑几个最想家的

带回老家　让它们去看看

大雪纷飞中白发苍苍的爹娘

　　这首诗的主旨应该不难归纳：诗歌说话人从苹果与乡下少女之间的相似性展开，并进一步延展至所有的进城者以及面对生活的被挑选者，最终呈现出城乡之间的冲突以及由此引起的现代城市文明语境下对灵肉关系的回顾与反思。如果这里的陈述大致不差，那么，可以进一步分析它究竟如何呈现。

艾伦·退特曾经将内涵（intension）和外延（extension）这两个词的前缀削去而得到张力（tension）[1]。在他这里，外延是字的明义（字典意义），而内涵是字的暗义（诗意），语言的含义是内涵和外延的总和。通过对文学语言和科学语言的比较可以发现：为了避免误解，科学在用语言指称物体时要求语言的含义必须精确，语言与语言所代表的事物之间具有固定不变的一对一关系。于是，科学只使用语言的明义。而且，科学语言是单义的、透明的——透过它可以看到它所代表的事物；文学语言与科学语言不同，是半透明的或者不透明的，既有明义又有暗义，且多义。克利安思·布鲁克斯认为诗的明义可以在字典中找到，暗义则需由诗人自己创造出来。诗人之所以采用含混、反讽、悖论等吃力的言说方式，是因为别无选择，不得不创造自己的语言。诗歌中语言与结构上的那些不协调、不一致，恰恰是诗歌意义的门径入口。具体到《在水果街碰见一群苹果》这首诗中，不妨对其中（英美新批评意义上）的明暗义之间的分裂与黏合做简单的分析。

首先，标题中的"群"无疑是最先也最明显地令人困惑之处，因为它跟语言的日常（字典意义／明义）使用不一致、不协调。也可以说在语言学家乔姆斯基转换句法意义上的母语语感不吻合。日常（字典明义）情形下，它要么表述为"（一）堆（排／列）苹果"，要么表述为"（一）群乡下少女"。但正是这种不一致与不协调，成了这个诗歌文本意义世界的入口：诗人创造性地使用了"群"这个本该指称"乡下少女"的量词去表述了苹果。诗歌的创造性不仅表现在说话人看到了某种相似性，

---

1　参见艾伦·退特《论诗的张力》《作为知识的文学》，克利安思·布鲁克斯《悖论语言》《反讽——一种结构原则》等，载赵毅衡编选：《新批评文集》，百花文艺出版社，2001年。

而且在同一个"群"字上既使用了它的明义（苹果），又创造出了它的暗义（少女）。[1]明义层面上的分裂，导致了暗义层面上的黏合，即诗歌中的说话人与众不同地看到了乡下少女与苹果之间的某种相似性。这是整首诗歌意义的基点，也是此诗随后各种纷繁词语、意象的含义最终得以一致的保证。

其次，诗歌的起首两个诗行，也是典型的明暗义之间的分裂与叠合。"它们肯定不是一棵树上的／但它们都是苹果"。这在语言的日常使用中乃典型的废话，但当它们进入诗歌（文学）写作的语境时，就有了特殊的含义。鲁迅散文《秋夜》开篇的两株"枣树"会引起类似的困惑。之所以不直接写两株都是枣树，而写成"在我的后园，可以看见墙外有两株树，一株是枣树，还有一株也是枣树"[2]，这是因为它有着暗义层面上的特殊提醒：这是一个文学意义上的象征性世界，而不再是仅仅处于日常语言意义中的现实世界。一般读者之所以感觉困惑或者感觉作者的表述重复啰唆，是因为仍然坚持着日常语言意义上的理解，完全不顾写作者的提示，也就还没有跟写作者在对语言（象征）意义的理解上达成默契与一致。如果借用英美新批评视角，鲁迅之所以采用如此吃力（不直接、不讨好）的说话方式，实在因为他别无选择，不得不创造自己的语言，也因此成就作家独立的个性与风格，鲁迅成为鲁迅而不是别人；如果文学采用直接说话（字典明义）的方式表达，文学无疑就等同于科学表述：精准的一对一表达，文学表达因此成为科学中的抽象符号、公式、定理与规则——作为作者的人，将会在这些符号与规则中消失。这正是人与机器之间的天然鸿沟。

---

1　这是新批评的回溯性阅读带来的。仅仅在标题中其实并不能解决"群"字导致的困惑。

2　鲁迅：《秋夜》，载《鲁迅全集》第2卷，人民文学出版社，2005年，第166页。

　　再次，关于诗中"树"的意象。从明义层面看，全诗只有第一行出现了"树"（"它们肯定不是一棵树上的"）。归纳了前述有关此诗的主旨之后，经过新批评所谓的回溯性阅读，很容易就会发现，这棵树是但不仅是明义层面上的苹果树，它含混着诗歌说话人创造出的别样含义，即，通过颜色"红"的相似，将（明义层面）苹果与（暗义层面）乡下少女予以黏合。苹果树作为苹果的产地，类似于家庭乃乡下少女的出处。"它们肯定不是一棵树上的"其中"它们"既是苹果，也是乡下少女。因此，那一棵树既是苹果树，也是家／族谱（family tree）。诗歌后来明确地提及"想家""老家""爹娘"等，强力地支撑着"树"在"苹果树"与"家族"之间的黏合。至此，也就很容易明白诗歌说话人何以不但用"干净""健康"，还用"善良"这个具有浓厚伦理色彩而看似跟水果毫不相干的词语来修饰苹果。回头重读这行诗，看似废话的表述此时变得格外精确：就像苹果不是来自同一棵苹果树，却都是苹果一样，这些乡下少女并非来自同一个家庭，却都有一个共同的谱系（tree／genealogy）：乡下。苹果与苹果树本身在明义（字典意义）层面并不具备少女或者乡下的含义，但经过诗人（废话似的、转弯抹角的）创造，它不仅具备了苹果本身的含义，更暗含了乡下少女的含义，而且在同一个词语上完成这种双重甚至多重含义的黏合。之所以可能是多重的，是因为就像苹果只是乡下水果中的一种而已，乡下还有更多种类的水果那样（榴莲、水蜜桃、草莓等等），[1]来自乡下的少女不过是乡下人中的一种，乡下人包括了所有已到城市的（"它们当中最优秀的总是站在最显眼的地方／接受城市的挑选"）以及仍在乡下的（"有多少苹果 一生不曾进城"）。也就是

---

[1] 至于为什么偏偏是苹果而不是榴莲、水蜜桃、草莓或者梨子等等，诗歌给出了足够强硬的理由。是否可能将榴莲而不是苹果与乡下少女在明暗义层面均予以完美黏合？可能性始终存在，但这可能性一旦实现，那就成就了另外一首诗。

说，苹果似的乡下少女代表着的，不仅是乡下少女本身，同时是正在不断进城的农民工、打工人，也是所有那些曾经、正在或将要接受城市挑选的你我自己。到此，现代化进程中城乡关系这个颇具中国经验的话题在有关水果街苹果的描述中逐渐凸显出来。最终，诗歌说话人通过"过年"这个最具中国特色的时间节点，以及"想家""老家""爹娘"一系列与"回归""根本""出处"等意义相关的密集意象，隐秘而又坚定地宣示了说话人的立场：城市化、现代化所附带的高强度、快节奏、陌生化的人生进途上，是否应该在合适的时候，放慢并反思匆忙中的道路与现状，回顾血液中那份温暖的来处和根本？

诗歌没有在任何一处明确地（明义或者字典意义上）宣告主旨，却从标题就开始了这种暗中的组织与调配，且从未离开一以贯之的这条线索——虽然其中到处都有貌似的不合理、不一致、不协调。这就是新批评层面字的明义基础上对暗义的创造，是整首诗歌意义产生的完整过程：苹果—少女—农民工（城乡）—你我（现代化）—故乡（想家、老家、爹妈）—来处与去处，最后走向了近乎哲学形而上的追问：我是谁？来自哪里？去向何方？很显然，这已经不再仅仅是中国诗歌传统意义上的抒情，而是现代人逻辑思辨层面的智性反思。

如果这种形而上的自我反思成为此诗的终点，那么，为什么不同的写作者会有不同的写作及其意义，即，为什么不会最终都写成形而上哲学思考？事实上，从最终的意义上来说，主题与母题确实并无特殊的差异，无非生老病死爱恨情仇，但不同的诗人面临不同（时空）处境，更有着不同的眼光与兴趣，这些千差万别的题材、素材与表达形式，正是诗人与诗人之间区别的根本。鲁迅看到的是枣树，而本诗说话人看到的是水果街上的苹果，这是鲁迅与本诗作者之间的不同；日常现实中的一般读者，看到的仅仅是枣树与苹果，是字典意义而不是文学意义层面上的枣树与苹果，这恰恰是读者与诗人之间的区别：商品消费者在水果街看到的无非是苹果、榴莲、水蜜桃和草莓，从来没有想到过，除了这些具有实用价值、可以吃食增进身体营养的水果，那里还躺着一首诗。对文学不感兴趣的人也许会说，枣树就是枣树，苹果就是苹果，何必追求玄乎的意义？如果仅仅从果肉与营养的生理科学角度讲，的确如此。但事实上，恐怕没有（作为碳基体生命的）人愿意主动承认或者真正做到仅只成就生理科学意义上的自己，而那恰恰是硅基体生命目前的被动处境。这是诗歌"背后有人"中"人"的真实含义。

如果换作AI，面对同样的题材与主题，它可能会怎么写？首先，它无法感受诗人和读者在现代化过程中时时处处感受到的伤痛。其次，从技术上说，它没有办法做到把所有的这些碎片化的意义统一起来（"有句无篇"），因为它并不具备人对意义的理解和认识。诗歌中从苹果到乡下少女，到更广泛的进城农民工，再到作为读者的每一个你我自身，背后涉及的城乡关系、现代化进程这个巨大的语境，并由此暗含着的哲学形而上反思，这条隐秘而完整的意义线索，对它来说太过于复杂，至少目前是它无法完成的任务，甚至连完成的希望都看不到。最后，它也许能做到的是，将苹果换成比如说榴莲，既发现榴莲与乡下少女之间的相似，又并不改变这首诗歌的主旨。这种可能性并非完全不存在，但结果却一定是它最终不过做了一次模仿性的写作，毫无自由体新诗"自由"意义上的创造性可言。事实上，这也就是旧体诗歌以及AI的（旧体诗和新诗）写作当中的实际情形：在旧体诗写作中对范式的模仿，在新诗写作中对现有新诗的模仿以及自我重复。

以上主要涉及诗歌技艺层面的分析。价值层面上，这首诗依然体现了说话人的局限：虽然从传统稳定的价值信仰体系中挣脱，但依然没有找到足够清晰的出路。所以诗歌说话人最终也只是停留在"带回老家　去看看／大雪纷飞中白发苍苍的爹娘"。想家、老家、爹娘，究竟意指什么？是指那个地理意义上的"故乡"还是想象中的"桃花源"？是否真的有一个可以让伤者舐伤的"老家"？最终究竟该如何面对现代／城市文明？很遗憾，诗人并没有在诗歌的价值层面提供更多的新发现新思路。甚至可以说，即使诗人在现代汉语更具有逻辑理性的加持之下，看起来此诗的写作也更智性更思辨，但终究没能远离古典诗歌抒情的大传统。可见，自由体新诗人在价值层面上的变化，跟古典诗人比较起来，明显小于在技艺层面的变化。在诗歌的价值层面，新诗跟古诗相较，不是变化太大，很可能恰恰相反，而是变化不够大。可以肯定的是，变化在现代自由体新诗人这里已经开始，但这变化却显得难以忍受地缓慢，"那里看出了变形的枉然，／开始学习着在地上走步，／一切是无边的，无边的迟缓。"（穆旦《还原作用》）当然，可以为现代自由体新诗人至少从两个方面予以辩护：首先，就现实而言，诗人只需要提出问题，不能苛求他们解决问题；其次，在形而上的层面，这不仅仅是诗人而是所有人的困惑与无奈：我是谁，来自哪里，去向何方？对这个终极问题的回答与追寻需要漫长的时间：对人类而言正好是全部的文明史；对个体而言，正好是一个人的一生。而恰恰是在这里，不管是人类的自由体诗歌写作形式，还是AI技术本身，自由的探索显得如此珍贵。借助AI之眼，现在可以更清楚，胡适率先进行汉语自由体新诗写作尝试的创举，无论如何盛赞都不过分。

## 余论：不可预知的未来

T.S.艾略特《荒原》"题记"中写到能够预言未来的女先知西比儿：

是的，我自己亲眼看见古米的西比儿吊在一个笼子里。孩子们在问她，"西比儿，你要什么？"的时候，她回答说，"我要死。"[1]

　　希腊神话中，日神阿波罗爱上了西比儿，施予她预言的能力；而且只要她手中仍有沙土，她就能长久地活着。然而她忘了问阿波罗要永恒的青春，所以日渐衰老憔悴，最后几乎缩成了空壳，却依然求死不得。这大概是唯一比死亡还糟糕的命运。汉语古典诗歌正在痛苦地经受着西比儿式的命运。在大量现代旧体诗以及AI可能的巨量模仿式写作中，它逐渐衰老与憔悴却求死不得。

　　旧体诗歌与古典诗歌不会在AI写作兴起后一夜之间消失，其中有着可以想见的种种原因：意识形态层面的强力加持，各种教育层面上的习得与考核，对诗歌美学惯例的群体性沿袭，个人审美趣味与偏好，等等。大致说来，古典诗歌中符合现代开放社会抽象规则（背后有人）的那一部分也许会继续流传。同时，能够进入自由体新诗写作资源库的那一部分也能以某种不同的方式重获新生。虽然现代自由体诗人穆旦看不见古典诗歌在现代新诗写作中具有任何可资借用之处，但并不因此意味着其他自由体新诗人没有创造性地借用或者转换古典诗歌的机会。相反，除了新诗诞生之初新旧对立中极端地且短暂地排斥古典诗歌以外，现当代自由体诗人一直进行着古今融汇的艰难尝试，虽然目前还并未看到十分理想的结果。

　　可以肯定的是，汉语诗歌尤其是古典与旧体诗歌（当然也包括自由体新诗）注定面临着AI写作带来的巨大挑战，而不管哪一部分将继续前行哪一部分逐渐衰老与死亡，拣选的标准不再是诗人名气的大小，不再

---

1　T.S.艾略特：《荒原》，载袁可嘉、董衡巽、郑克鲁选编：《外国现代派作品选》（第一册上）》，上海文艺出版社，1980年，第88页。

是教科书上相关知识的多少；不是古典诗歌格律形式上的精益求精，也不是现代新诗在所谓新格律上的努力建构。真正的标准只有一个：背后有人。在这一点上，陆游总是对的。历史上从来没有哪个时代比目前更能印证他天才般的预见。诗歌从来不应该仅是诗歌本身，它更在于诗外更广大的领域，在碳基生命广博的学习与细微的生命体验里，甚至也在硅基生命的深度学习、计算、写作中："汝果欲学诗，工夫在诗外。"也是在这个意义上，AI写作的（诗内）本身已经变得不那么重要，重要的恰恰是"诗外"的、本来与诗歌毫不相干的AI之眼。

透过AI之眼，一方面可以审视汉语诗歌自身，敞亮古典／旧体诗歌与新诗之间的相似与差异，由此而来可能的不同命运；另一方面，同样可以照见AI汉语诗歌写作的真正问题所在，揭示AI汉语诗歌写作的困境乃至困境所由。如果真的将有一个强智能或者超智能时代，AI会不会写出比人类更好的诗歌作品并因此取代人类？目前最著名的人工智能平台OpenAI和ChatGPT虽然正在加速这个过程，但谨慎的乐观依然值得：科学与人文（诗歌）并非仅只对立，而更有着共同的对象——人。作为前沿科学的AI，也许最终不是取代人类而是将人延伸并完善得更是人类自己：让人得以"自由"——或者毁灭。[1]

---

1　马歇尔·麦克卢汉：《理解媒介：论人的延伸（55周年增订本）》，何道宽，译，译林出版社，2019年。

# 徐迟科技报告文学的成与败

王庆<sup>*</sup>

**摘要：**徐迟从书写新中国的社会主义工业建设接近了科学技术，他的科技报告文学，在20世纪七八十年代之交，由于正面书写知识分子并匡正了科技知识分子的职业道德、以科学理性批判旧意识形态等原因，广受称赞，80年代中期以后，由于批判性和人文内容的减弱、科学主义日益明显，受到冷落。作为体制内的作家，徐迟在科技报告文学的创作中陷入了自我解构的困境。

**关键词：**科技报告文学　功利主义科学观　科学主义　科学的人文价值科学精神

徐迟报告文学的最大特点是书写科学技术，他的科技报告文学在新时期经历了由极盛转向衰败的过程。20世纪七八十年代之交《哥德巴赫猜想》等作品举国轰动，各种报刊竞相转载，电台广播反复播送，但到了90年代，他的一系列作品在读者中几乎再无反响，报告文学集《来自高能粒子和广漠宇宙的信息》销量很差，以至于徐迟为作品集写了一篇"自吹自夸"的推销文章《王婆要卖瓜》。徐迟从书写新中国的社会主义工业建设接近了科学技术，在历史的风云际会中，围绕着工业现代化建

---

\* 王庆，华中科技大学人文学院副教授。

设写科学技术，既让他的作品名噪一时，也让他的作品迅速衰落，真可谓成也科技，败也科技。80年代中期以后，学界对徐迟报告文学的研究也日渐稀少。从万人传诵到无人问津，人们只觉得他的作品越来越枯燥无味、理应出局，但这个貌似寻常的现象里掩藏着一个兢兢业业的体制内作家自我解构的悲剧，值得我们探讨。

一

青年时期的徐迟追慕过现代主义诗歌，20世纪30年代末告别现代主义，走上现实主义创作道路，同时接触到马克思主义。新中国成立以后，徐迟自然而然地加入了歌颂社会主义建设的大合唱。当年的徐迟有志于做中国工业化的记者、基建工地的发言人，接连五年奔走在全国的工地上，写下了一系列表现社会主义工业建设的报告文学。他着眼于沸腾的建设新生活和新家园的豪迈气概，充满了邵燕祥式的"到远方去"的激情，甚至直接在作品中写下"祖国不再是战场，她就成了一片工地"[1]这样的诗句。由于报告文学的写实性，加之徐迟报告文学的写作对象主要是工业建设，其特质渐渐地与众不同。

50年代，徐迟报告文学的主题是报道新中国工业建设的各种成就，然而，工业建设与科学技术的关系如此紧密，使徐迟的作品无可避免地重视起"科学技术"——现代工业时代改造自然、创造财富的强大武器。比如说，《汽车厂速写》中，写到为了制造摩托车上的菊花齿轮，使用旧式机床就是不行，必须使用苏联提供的新机车才能制造出来。《下断面》中，写到选择三门峡大坝的坝址，必须先要对坝址地基做科学测量。特

---

1　徐迟：《生命之树常绿——徐迟报告文学选》，山东教育出版社，1998年，第248页。

别是在了解武汉长江大桥的建造过程中，徐迟极其明确地认识到技术的重要性，并对现代工业建设的科学性有了相当的认知。关于武汉长江大桥的建造，他写过几篇报道，篇幅都很短，结构上也不甚精巧，留下了急行军的痕迹。《一桥飞架南北》是大桥通车后写的，篇幅很长，超过前几篇的总和，而且中心明确，叙述舒缓有致，显然是徐迟在大桥建成后沉潜升华的结果。这篇报告文学专门记叙的是建筑桥墩所使用的新技术：管柱钻孔法，书写了此项技术的提出、争论、申报、完善和决定的过程，而且记叙了新技术从严谨试验到全面应用的过程。徐迟从实践中认识到科学精神：科学技术必须要敢于探索，而且必须经过严格试验后才能大胆使用。在这篇作品中，徐迟对科学技术的人文关怀也有所领悟。苏联工程师首次提出新技术，具有一定的风险，它之所以得到中国专家和中苏高层的肯定，一个重要的原因是该技术对施工的工人更人道，更有利于工人的健康，而旧的沉箱法会使工人深受气压变化之苦，导致耳聋、眼瞎、浑身疼痛甚至死亡。就这样，在报告社会主义建设的过程中，徐迟接近了科学技术，理解了科技的人文意义，并完全被科技的巨大生产能力和创造力所折服。五六十年代对新中国工业化进程的广泛了解，奠定了他的功利主义科技观，无论是出于对新中国现代化的强烈憧憬，还是对科技伟力的亲眼目睹，都使他对科技充满好感。徐迟的功利主义科技观是从实践中来的，并非来自书本案头，因而非常强固。他比别的作家、人文知识分子更能体会科技和现代化之间的关系，更容易直观地把握科技和维护社会主义制度的关系。

出现在科技报告文学中的知识分子，多数是各行各业的工程师。本来，遵从十七年文学创作写"工农兵"的叙事规则，徐迟总是满怀敬佩地赞颂工人，书写了多位工人的事迹，但是，现代化建设依赖现代技术，技术又依赖技术人员，又使徐迟不得不写工程师。《一桥飞架南北》中的人物主要都是中苏建筑工程师，核心人物则是提出管柱钻孔法的苏联工程师西林。《搜尽奇峰打草稿》的主人公也是几位测量工程师，他们风餐露宿，踏遍青山搞测量，为经济建设提供基本资料。徐迟没法忽略科技人员在工业建设中的决定性作用，也无法否认他们对新中国的贡献，所以出现在作品中的科学家工程师往往是饱含作者敬重之情的正面形象。

所有这一切，都为徐迟报告文学在七八十年代之交的成功打下了基础，但是也埋下了90年代衰落的伏笔。

新中国成立初期，中国社会的重心将转移到经济建设上。经济的增长依赖于科技进步，科技和经济的关系空前紧密，科技成为国家意识形态的一个部分。邓小平《在全国科学大会开幕式上的讲话》指出了科学技术与国家政治制度、经济制度的关系，重新提出科学技术是生产力。七八十年代之交中国发生的意识形态斗争，有如哈贝马斯指出的那样："那些已经经不起检验的合法性被新的合法性所代替，而新的合法性一方面产生于对世界的传统教义解释的批判，并且要求科学性；另一方面，它们保持着合法性，从而使事实上的权力关系不受到分析，并且不被公众意识到。从狭义上讲意识形态首先是这样产生的：它代替了传统的统治的合法性，因为它要求代表现代科学，并且从意识形态批判中取得了自身存在的合法权利。"[1] 新的意识形态使徐迟深藏已久的科技认知被唤回，由于五六十年代的那些写作，徐迟最能理解这个问题，他自觉地在科学技术和新意识形态之间建立了正面的联系。

首先，徐迟的作品匡正了科技工作者的职业伦理，并由此重塑了科

---

1　哈贝马斯:《作为"意识形态"的技术与科学》，李黎、郭官义，译，学林出版社，1999年，第56页。

技人员的职业美德。1978年以前，我国对科技工作者的要求是"政治挂帅"，以"政治方向"统摄具体的专业研究，"政治"凌驾于"知识"之上，具体要求就是"又红又专"，科技工作者如果专注于知识和技术的探索，就会被扣上"白专"的帽子，剥夺科研权利。但是，科学家有自己独有的职业伦理，因为现代科学学科分类方式是和现代社会的建制直接相关的，它把社会的多样性和复杂性加以条理化，并用合理化知识的形式把它们转化为学科对象。现代科学放弃了对超越性的形而上的探索，转而相信科学规则。科学家以客观的方法进行研究，以同行的认可为准，严格遵守事实和价值的区分。1978年之后，我国即将进行大规模经济建设，但是"又红又专"的政治统率严重妨碍了科学家科研能量的释放。《哥德巴赫猜想》在这方面起到了破冰的作用，文章正文的前面有一句摘自《光明日报》1978年元旦社论《光明的中国》的楔语："为革命钻研技术，分明是又红又专，被他们攻击为'白专道路'。"[1]这句话基本上就是全文的主旨。虽然作品不厌其烦地给陈景润涂上爱国爱社会主义的"红"色，但同时也大胆地肯定了他的"专"。这篇报告文学认为，可以批评他不关心政治，"但是，能不能一推就把他推进'专政队'里去？尽量摆脱外界的干扰，以专心搞科研又有何罪？"[2]不仅如此，作品还将"红"从"政治方向"转化到"为生产服务"，"'红'本身变得技术化了，转化为服务于生产发展与现代化建设的内在驱动力，在这个意义上，'红'与'专'的等级次序发生了微妙的颠倒"[3]。为了肯定科学家的职业道德，作品还运用文学手法，大量使用比喻萃取"专"的审美特质，把数学的

---

1　徐迟：《生命之树常绿——徐迟报告文学选》，山东教育出版社，1998年，第511页。

2　同上，第526页。

3　黄平：《〈哥德巴赫猜想〉与新时期的"科学"问题——再论新时期文学的起源》，《南方文坛》，2016年第3期，第5-13页。

抽象思维比喻成空谷幽兰、高山杜鹃、林中人参、冰山雪莲，把陈景润攻克世界数学难题比喻成坚持不懈地攀登高峰。文学手法既表达了作者对"专"的肯定，也从情感上引起了读者的广泛共鸣。《哥德巴赫猜想》发表后反响巨大，人们被科学家的痴迷劲头所感动，科学家钻研科学的职业道德受到了全社会的肯定。

其次，他从实用价值角度呈现了科学家和科学技术的极端重要性。《地质之光》展现了地质科学家及地质科学理论对中国现代化事业的不可或缺。进行工业化建设，地质工作要走在其他工作前面，在地质理论的指导下，我们成功地找到数个大油田。作为现代工业的重要能源，石油的重要性不言而喻，单就这一点，李四光这样的科学家和地质科学就功莫大焉。《生命之树常绿》中，蔡希陶发现并种植各种有实用价值的植物，有的植物中可提炼出珍贵的抗癌药，有的则能提炼出工业用油，可使用在油田上。他还为国家寻找橡胶树，先在植物所里种植，繁茂起来以后，生产建设兵团由此得以大规模地建设了橡胶园。新中国刚成立时受到经济封锁，橡胶极其缺乏，但是橡胶是现代运输工具的必需材料，因而蔡希陶种植橡胶树对建设社会主义工业功不可没。在七八十年代之交，爱祖国、为人民服务是再好不过的塑造科学家正面形象的理由，徐迟的创作一举突破了过去知识分子写作的禁区。

最后，以科学技术的重要性批判了政治愚民，以科学理性批判了旧意识形态的迷信和狂热。在报道我国60年代人工合成胰岛素的报告文学《结晶》中，徐迟讽刺了科学上的"大跃进"，正当科学家们人工合成胰岛素B链初步成功时，两所大学敲锣打鼓地来报喜，宣称他们已经合成了人工胰岛素，实际上这两所大学都还没沾着成功的边儿呢。他还批评了群众运动的科研方式，"这些年里的时代精神，却是尊重劳动而轻视知识，抬高了干劲而踏倒了理性"。[1] 倒掉的溶剂可以装满一方游泳池，研究却没有明显突破，领导只好下令收缩。生物学家钮经义坚持下来了，"使他获得力量的，正是他对自然规律的虔诚信仰"，[2] 人类只有掌握了自然规律，大自然才会接受人类对它的改造。《刑天舞干戚》中，在兴建葛洲坝初期，狂热的地方指挥部未做科学勘测便破土动工，还组织了"千人设计，万人审查"的群众运动，结果建成的工程根本不能使用，只能将已建成的大坝全部挖掉。用搞政治运动的思维方式、行为方式搞工业建设，必然失败。这几篇作品以事实书写了科学技术对发展生产力的重要性，说明科学技术绝不是可有可无的，靠政治思想建不成现代化。运用科学理性破除现代迷信，质疑权威，具有鲜明的启蒙色彩，而启蒙的成功，很大程度上就是科学技术的胜利。

七八十年代之交，整个社会动乱已久，群情激昂，渴望变革，社会各层阶有大体一致的诉求，而徐迟又是备受磨难发愤著书，于是他的科技报告文学获得主流意识形态、广大民众、知识分子的一致称赞，大获成功。

二

不久，徐迟的创作就不那么引人关注了，90年代，他的几篇作品发表后都没有太大反响，让徐迟非常困惑。他在《我的不解之缘》中说，为了更好地写科学家，他想懂一些科学，于是在《结晶》和《刑天舞干戚》中就多写了点科学内容，作品的效果就不怎么好。90年代，他写的

---

1　徐迟：《生命之树常绿——徐迟报告文学选》，山东教育出版社，1998年，第595页。
2　同上，第598页。

关于电子计算机的《大海之中的一滴水》《攻主战场者谓主力军》等作品发表以后,一片沉默,他问道:"究竟我在什么地方出了毛病,我希望高明人士有教以我。要不然,我的不解之缘也许就可以解除了"。[1] 90年代徐迟作品受到冷落,有多方面的原因。从读者方面讲,大众消费文化的兴起,科技报告文学的吸引力远远赶不上市场神话。从国家意识形态方面讲,主流意识形态和文学、人文知识分子渐行渐远,不那么需要文学发挥社会教化作用了。陶东风说过:"当一种政权不再以意识形态的承诺为其合法化的基础,不再将意识形态的论争作为其权力运作的主要途径与手段,而是把自己的合法性建立在实在的经济发展上时,它就很容易发现,经济的发展与科技知识的关系是直接而紧密的,而与人文知识分子关系则是间接而松散的"。[2] 这里,我们着重探究徐迟作品本身出现的问题。

第一,80年代中期以后报告文学的批判性大大地减弱。如《汽车城观感》写的是第二汽车厂准备制造民用小汽车的规划和准备向经营开发型企业转向,《大海之中的一滴水》写的是华中电网自动化控制工程的建设,《这里是特殊的战场》写的是武钢几个炼钢炉升级改造的成果,《神"计"妙"算"小型机》和《攻主战场者谓主力军》写的是赛格电子集团有限公司的成立发展,以及他们和大型国企合作,完成了大型企业的DCS(集散式系统控制)的应用。这些作品都是从正面记述现代企业取得的成绩,再也看不见《哥德巴赫猜想》《结晶》《刑天舞干戚》那样的批判性。范培松道:"七十年代末,他的《哥德巴赫猜想》敢于把一个长期被政治踩在脚下的罪人,奉为英雄予以歌颂,矛头直指当时钦定的不

---

1　徐迟:《网思想的小鱼》,湖北人民出版社,1997年,第313页。

2　陶东风:《社会转型与当代知识分子》,生活·读书·新知三联书店,1999年,第305页。

可否定的'文化大革命'……但当90年代的序幕拉开时……实在是令人难以在他身上再找到他那昔日的动人的批判风采。"[1] 我们将《结晶》《刑天舞干戚》和《大海之中的一滴水》做个比较，徐迟创作批判性的减弱就会更加明显。这三篇文章写的都是国家科学研究和重大工程的成功，前两者在叙事的过程中有矛盾、有冲突，作品宣扬的是按自然规律搞科研建工程才能成功，批驳的则是运动式的狂热的科研和建设，在对立冲突中显出是非曲直。但《大海之中的一滴水》却不是这样，企业的现代化运作和僵硬的行政体制、官僚作风已经形成矛盾，作品却单写成绩不写冲突。上级官僚不懂科学不信科学，要省网抢电，占小便宜，结果造成整个湖北省停电的重大损失，面对这样的严重情况，作品却轻描淡写："有些很不像话的言行，不说它们了"，[2] 放弃了展开矛盾。华中电网的调度员认为如果我们的体制改革还不能赶快进行，如果它不能取得成功，如果它取得的一些成功还不能适应于整套的自动化系统，那么不管有多好的系统，多好的主机前置机和远方终端机，都将不起作用。徐迟也承认调度员说得很中肯，类似的情况多次发生过，但他对这个担忧的回答却是："体制改革一定能成功。"[3]《大海之中的一滴水》对体制之于现代企业的束缚或视而不见，或避而不谈，写作立场变了，以前是在批判中赞扬，此时却只剩下赞扬。行文中找不到像《哥德巴赫猜想》里"化妆不经久要剥落，被诬的终究要昭雪"那样的激昂文字，原来受人称赞的政论性随之消失。

这个问题不难理解，文学作品的批判性来自作家的独立思考，然而，徐迟往往缺乏独立思考。《地质之光》《哥德巴赫猜想》的确有批判性，

---

1　范培松：《论九十年代报告文学的批判退位》，《当代作家评论》，2002年第2期，第130–146页。

2　徐迟：《生命之树常绿——徐迟报告文学选》，山东教育出版社，1998年，第727页。

3　同上，第731页。

不过那些批判也并不是完全出自他的勇气。徐迟说过，他之所以敢写陈景润是听取了一位老干部的建议，《哥德巴赫猜想》的主题是从《人民日报》的社论中来的。虽然徐迟对科学技术和知识分子也有自己的看法，然而终究是新意识形态给了他批判的理论和勇气，他只是顺应新意识形态，先人一步发声批判。但是，80年代中期以后，经济改革和建设全面铺开，重大的人文社科问题被悬置和淡化，徐迟便失去了批判对象。徐迟的文学观又相当陈旧，他认为创作要从正面写，写光明面，即使写阴暗面也是为了衬托光明面，这样的创作观怎么能产生批判性呢？徐迟虽然长时间书写科学，却一直没有习得质疑和批判的科学精神。

第二，80年代中期以后，徐迟报告文学中的人文内容也大大减弱了。科技报告文学虽然书写的是科技活动，但其文学魅力却主要来自科技活动中所蕴含的人文内容。他最成功的那几篇作品中，饱满的人文精神是吸引读者的重要原因。邹荻帆在《给〈哥德巴赫猜想〉作者的信》中说："你写的数学家的报告文学，不是陷到——从具体数学本身的问题解决上来解释，正如写工厂并不是陷进具体的生产技术过程，而是写了在我们的社会上人的思想感情和人与人的关系上，写了人们的精神世界和社会上的矛盾斗争，而你的思想感情是与之息息相关的"。[1] 曾经，徐迟笔下的科学家有性格、有思想。陈景润内向孤僻但又在数学的高峰上攀登不已，性格上的自卑和坚毅相互交织，生活上的艰苦和数学成就的光辉相互映衬。李四光那一代科学家生于贫弱的旧中国，深受发达国家的碾压，都有强烈的救国爱国的责任感和紧迫感，他在地质学论文中宣称："我们的结论是，随着地球旋转加快，亚洲站住了，东非西欧破裂了，美洲落

---

1　王凤伯、孙露茜编：《徐迟研究专集》，浙江文艺出版社，1985年，第346页。

伍了！"[1]这种一语双关蕴含着处在边缘位置的落后国家的科学家对欧美科学权威、政治权威的挑战。在《结晶》《刑天舞干戚》中书写大工程建设的篇章里，也弥散着敬畏自然规律、尊重科学的人文精神。但是，中国的人文科学长期和政治意识形态粘连在一起，人文科学是为政治服务的。徐迟的这些篇章的确不是叙写纯粹的科学技术，但其全部人文内容从属于政治宗旨。科学家爱祖国是和爱社会主义结合在一起的，科学家工程师取得了成就是因为社会主义制度好。他已经发现了科学家对自然规律有虔诚的信仰，却不将此信仰提升到坚守真理的高度。他虽然赞赏科学家沉迷于科学研究，但是又不把科研的动力归因于探求自然界真理的热切精神，总要给他们涂上"爱国"和"为四化做贡献"的宏大意义。如此一来，离开了政治意识形态的加持，徐迟在科技问题上并没有自己的丰厚的人文涵养。

　　80年代中期以后，他的作品越来越趋向于记录事实，而不是剖析和升华它们的含义。他继续写了几位科学家，有光纤专家越梓森、古建筑学家周霖，其精神高度并未超出"爱科学""爱家乡"的标杆，除此之外，徐迟似乎难以发现科学家的其他人格魅力。作者还写过杨振宁的访问记，对于这样的华裔美籍科学家，本来可以在科学的普世性、国界性上做些探索，但是文章却只选择性地记录了杨振宁对中国当代史、中美关系和台湾问题的片言只语，都是完全符合中国主流话语的外交辞令。《雷电颂》写的是著名电气工程师郑代雨，这位工程师极其热爱自己的工作，是个工作狂，从50年代到80年代取得的成绩亦令人咋舌，第一次带电作业成功，修复了若干破损电网，担任从葛洲坝到上海的输电工程总指挥等等。全文是用称赞的口吻写郑代雨的，但并没有走进他专注、快

---

1　徐迟：《生命之树常绿——徐迟报告文学选》，山东教育出版社，1998年，第503页。

乐、大胆的内心世界。当初，徐迟写陈景润时探视过人物的内心世界，陈景润从小内向自卑，只有数学能让他宁静自由，歧视和打击只能使他更爱数学，他的生命就是数学。郑代雨也沉溺于工作，为工作他抛弃南国故乡，奔赴北国他乡，为工作他疏远了亲人，未婚妻远道而来却找不到他。他和陈景润一样，从事科技事业的最深刻的动机是外在的更是内在的，是人文的非功利的，都源于生命的至深本能。徐迟虽然没有赋予郑代雨为社会主义服务的动机，但也不描绘他的内心激情了。徐迟愿意罗列人物的业绩，却不再描绘人物的精神世界。对郑代雨这样的人来说，科技事业是他不能不选择的生存方式，仿佛他就是为此而生的，然而，这种人文精神却被徐迟忽视。那些写大企业生产和升级改造的作品中，没有科技进步对社会的推动、对人们观念的提升和对管理系统的促进，看不到科技活动蕴含的客观公正、严谨求实的精神，只见到一项项的成绩，在这点上，可以说徐迟90年代的作品甚至不如五六十年代的作品。徐迟还写了两篇纯科学内容的报告文学：《来自高能粒子和广漠宇宙的信息》和《谈夸克》，但是，我们都知道，在科学知识领域中主要是真，缺乏善和美的文学因素。

徐迟七八十年代之交的科技报告文学常常被人们称为"科技诗篇"，语言也被称为诗化语言。然而，80年代中期以后这种诗意慢慢消失了。他越来越放弃以文学的方式接近科技，写科学家工程师，对他们的成果更感兴趣，而不是对他们的心灵、干劲、拼劲、毅力感兴趣；写科学技术，对工程和成果更有兴趣，而不甚关注科技带来的新气象。于是，科学家、工程师、科学研究、技术革新便是作者之外的客观实体，不是主客混一的意象，他不太付出感情，也不易被感动，评判时的慷慨激昂和颂扬时的热烈真诚渐渐稀薄。没有情感的付出，作品的诗意从何而来呢？诗化语言自然也销声匿迹。

第三，科学主义倾向越来越明显。"思想解放运动起初的理论预设具有明显的科学主义特征，即曾经被传统教条主义的政治／道德立场优先性所压抑的唯物论科学主义：生产力是衡量社会进步的唯一标准，科学技术是第一生产力等等。无疑，这一重新将人的物质生活而非精神生活、将知识的优先性重新置于政治／道德优先主义之上的唯生产力论和经济决定论的科学主义，当时在冲破僵化的教条主义束缚方面，曾经起到了相当革命的作用。"[1]这种科学主义和五四时期的科学主义都有启蒙意义，但两者还是有所不同。五四时期的"科学主义是一种'价值论域'的科学主义。在新文化运动中，中国的知识分子有相当一部分是把科学作为一个价值体系来接受的。不论是'富国强兵''科学救国'，还是建立'科学的人生观'，看中的都是科学的社会价值、道德价值和信仰价值，唯独科学的知识价值没有得到彰显。"[2]但是新时期初期的理论预设有自己的社会价值、道德价值和信仰价值，主要张扬的是科学的知识价值。五四时期的科学主义还非常重视民主的力量，两者合力冲击了传统伦理道德的权威地位，但是新时期初期的理论预设则不怎么谈民主问题。当经济改革全面铺开后，这种理论的启蒙作用便渐渐消散，生产力科学观很容易滋生出对科学的盲目崇拜，科学主义的特征便越来越显著。

徐迟是这种理论的呐喊者、实施者、受益者，同时也是受害者。在报告文学的创作中，徐迟抛弃了"社会主义才能促进科学发展"的观念，不但日益倾向于科技事实，而且对科学知识产生了浓厚兴趣，他研读高能物理学方面的书籍，写出了《来自高能粒子和广漠宇宙的信息》和《谈夸克》，显示了对认识论知识的关注。同时，徐迟对技术方法产生了

1　许纪霖：《另一种启蒙》，花城出版社，1999年，第251页。

2　吴海江：《新文化运动时期的科学主义思潮：路向、特质及影响》，《自然辩证法研究》，2008年第5期，第88–93页。

崇拜。他写了两篇电子计算机方面的报告文学,《攻主战场者为主力军》对电脑大加赞赏:"中国是大有希望的,人类不用说,极有希望,特别因为现在有计算机。"[1] 在《我们的文艺与我们的时代》中他又说:"完全清醒、彻底符合逻辑思维原理的计算机还在迅猛地向第五代人工智能与第六代的更新与全新的发展。濒于毁灭的世界的救世主将以它的全能的导航能力把世界从大风暴中平安无恙地降落到安全跑道上"。[2] 最重要的是,他相信未来的世界是科学的世界,科学能够给人类带来终极幸福。在书写美国人登月壮举的《月球,登月等等的笔记》中他对科学极有信心:"现在地球上所有的事都不好办,只有大大地发展高科技,要能上天,才能把地球挽救过来,救出已经濒于灭亡的人类。"[3]《论科学》中更强烈地表达了科学主义的观点:"人类的梦幻,就是一个更美好的生活,或更美好的世界吧。这肯定可以通过日益发展的科学技术,精心设计、组织施工、群策群力,创造出来。"[4] 这种"科学万能"的论调,将科学的价值扩张到人类世界的各个领域,坚信科学技术不仅能够解决人与自然的矛盾,而且能够解决人与人之间的矛盾,最终将人类渡向幸福的彼岸。

作为20世纪五六十年代成长起来的作家,徐迟缺乏明确的人文知识分子的立场。徐迟读过查尔斯·珀西·斯诺的《两种文化和科学革命》,但他对斯诺的宣扬却和斯诺的初衷背道而驰。斯诺认为在文学知识分子和科学家之间存在互不理解的鸿沟,对立的双方各自制订了以自己的观点来改造对方的计划。科学主义对人文主义的排斥,使科学技术沿着人文精神缺失的方向前进,人文主义对科学主义的叛离,使人文社会科学

---

1　徐迟:《生命之树常绿——徐迟报告文学选》,山东教育出版社,1998年,第805页。

2　徐迟:《网思想的小鱼》,湖北人民出版社,1997年,第300页。

3　徐迟:《生命之树常绿——徐迟报告文学选》,山东教育出版社,1998年,第887页。

4　徐迟:《网思想的小鱼》,湖北人民出版社,1997年,第346页。

沿着科学精神缺失的方向发展。斯诺的愿望是人文和科学两种文化交融，但是徐迟把文学家和科学家的沟通理解为文学家要学习科学知识。作家当然也可以了解科学，然而探索自然界的奥秘并非人文知识分子的长项，人文知识分子担当的是社会的道德规范、意义模式、生活方式的建构与阐释的使命，应该关注的是人的意义与价值、社会理想以及人际交往的规则。人文知识分子的职责并不在于精通自然科学知识，而在于敦促科学健康、健全地发展。马尔库塞、哈贝马斯所揭示的科学和意识形态的关系对老作家来说过于激进了，不过他仍然有其他途径来促进科学的发展，比如，呼吁改革科学机制，激发科学家的创造力，或者在消费浪潮中凸现科技工作者投身科研的非物质追求等等。但是，徐迟先是赞叹技术的伟力，后又探索自然科学知识，对科学造福人类的功用盲目乐观，误入了斯诺所批判的科学主义的歧途。

经历了"文革"磨难，很多知识分子都认识到极权专制的传统在中国社会并没有彻底消除，但徐迟却一直不甚关注民主问题。徐迟的科学观长期停留在科学是生产力的层面上，不怎么谈科学技术是推动社会的变革力量，更不谈上层建筑如何适应生产力发展的问题。他不仅在报告文学中回避科技发展与僵化体制的问题，即便在其他文章中谈到民主和科学的关系时，也更偏重于科学。在《充满生命力的新文学》中他甚至认为"虽然在今日之域中，是的，德先生还很起点儿作用；但明日之域中，德先生的位置该让给赛先生了"。[1] 忽视民主、推崇科学的体制内知识分子要追寻人类的未来，大概不可避免地会走上技术统治的道路。哈贝马斯早就指出："马克思把使用意志和意识去创造历史的问题视作从实践上掌握迄今为止未被控制的社会发展进程的任务。但是，其他人则把

---

1　徐迟：《网思想的小鱼》，湖北人民出版社，1997年，第304页。

掌握社会发展进程理解为一项技术任务，他们想按照目的理性活动的自我调节的系统模式和相应的行为的自我调节系统模式重建社会，并想以此来控制社会，以同样的方式来控制自然。这种愿望不仅存在于按资本主义计划办事的技术统治论者之中，而且也存在于官僚社会主义的技术统治论者之中。"[1]

# 结　语

徐迟科技报告文学的衰落固然是由于自近代以来一直盛行的功利主义科学观，比起同代作家，徐迟更缺乏自由探索、独立批判的科学精神，只能保守着功利主义科学观。他一直持有的是主流科学观，但生产力科学观却是摒弃人文知识分子的。徐迟的科学主义不算是逻辑实证主义的科学主义，他并不认为自然科学知识是唯一的知识，也没将人文学科排除在科学之外。他笔耕不辍，在商品大潮中寂寞地坚持科技写作，想用报告文学为社会主义服务，为经济改革服务，寻求人类的幸福，但是强烈的工具理性却偷偷地解构着他作品的文学性，推翻了文学的价值理性根基，使作品失去了读者，反而消解了以文学宣扬科学的热望，不自觉地陷入了自我解构的困境。

---

1　哈贝马斯:《作为"意识形态"的技术与科学》，李黎、郭官义，译，学林出版社，1999年，第74页。

# 文学与生态

# 生态文学对传统文学观的挑战及其启示

汪树东[*]

**摘要：** 当代生态文学已经形成不可忽视的一种文学潮流，然而主流文学界、学术界对之还保持着一种高高在上的偏见姿态。其实，生态文学已经对传统文学观构成了一种实质性的挑战。生态文学挑战了"文学是人学"这样的人类中心主义文学观，已经构成世界文学重要的突破口，也对传统作家的生存方式和世界观构成挑战。生态文学呼唤作家勇敢地走出城市，进入大自然，以地球上所有众生的共生共荣为念。因此，生态文学真正要构筑的是一种人类世时代的大文学观。

**关键词：** 生态文学　人类中心主义　人类世　文学观

大风起于青萍之末，当代生态文学的大风亦复如是。20世纪80年代初期，改革开放让作家们摆脱了极"左"意识形态的禁锢，不再想当然地把生态危机、环境问题视为资本主义社会的特产，也意识到了社会主义社会同样存在着此类问题，甚至更为严重，张长、徐刚、黄宗英、于坚、高行健等作家成为生态文学的先行者。但是他们的努力往往被主流文坛忽视，被视为抓不住社会主要矛盾，有借关注自然生态逃避社会责

---

\*　汪树东，武汉大学文学院教授。

任之嫌。到了20世纪90年代，随着全世界范围内环境保护运动的风起云涌，国内民众也深受经济高速粗放发展造成的生态问题的困扰，越来越多的作家开始关注生态问题，主动投身于主题多样、艺术风格也精彩纷呈的生态文学创作，例如陈桂棣、唐锡阳、徐刚、于坚、韩作荣、李松涛、沈苇、李存葆、苇岸、刘亮程、张炜、郭雪波、谌容等作家一时风行宇内，纷纷为生态保护事业鼓与呼，中国文学终于出现了较为鲜明的绿色风潮。到了新世纪，随着生态文明建设提上日程，生态文学终成时代热潮，吉狄马加、雷平阳、李少君、华海、侯良学、哨兵、徐俊国、津渡等的生态诗歌，韩少功、蒋子丹、周晓枫、阎连科、杨文丰、胡冬林、艾平、鲍尔吉·原野、傅菲等的生态散文，陈应松、雪漠、阿来、迟子建、姜戎、杨志军、叶广芩、赵德发、赵本夫、李克威、南翔、吴仕民、夏天敏、存文学等的生态小说，哲夫、古岳、任林举、李青松、刘先平、冯小军等的生态报告文学，杨利民、段昆仑、孙德民等的生态戏剧，纷至沓来，蔚然成风。可以说，当代生态文学已然成为中国文学中一片美丽的风景，重塑了中国文学的绿色维度，复活了万物有灵论，再造了文学中的地方感，塑造了别出心裁的动物形象，沟通了人与自然的鲜活心灵。

然而，主流文学界对生态文学依然保持着一种高高在上的姿态。在许多作家、批评家和学者眼中，生态文学只能是一种类型化的文学，或者仅仅是一种稍需关注的文学题材。他们普遍认为生态文学不可能出现思想性、艺术性兼具的经典作品。他们想当然地认为生态文学只能是一种观念先行的、艺术性必然大打折扣的文学。还有些主流作家、批评家和学者偶尔观照一下生态文学，也只是一种放松心情、寄情风月、安步当车的传统士大夫姿态。由于当前我国生态文明建设的需要，生态环境部、中国作家协会等部门纷纷出台相关文件促进生态文学的发展，不少作家、批评家和学者在心里更是对生态文学产生了一种莫名的抵触情绪，认为其与政策宣传相勾连，必然凶多吉少，前途堪忧。

其实长久以来，作家、批评家和学者对生态文学的隔膜和误解太深。在笔者看来，生态文学的崛起，已经对传统文学观构成了一种缓慢但坚定的挑战，我们必须认真领悟这种挑战中暗含的启示，才能更好地从事文学事业。生态文学其实要构筑的是一种人类世时代的大文学观。

一

首先，生态文学是对"文学是人学"观的巨大挑战。最早明确提出"文学是人学"观念的是苏联作家高尔基。据称1928年6月12日，高尔基在苏联地方志学中央局的庆祝会上曾说他的工作是"人学"，即"文学是人学"的最早来源。不过，在他之前，19世纪著名的丹麦批评家勃兰兑斯就曾在《十九世纪文学主流》中说："文学史，就其最深刻的意义来说，是一种心理学，研究人的灵魂，是灵魂的历史。一个国家的文学作品，不管是小说、戏剧还是历史作品，都是许多人物的描绘，表现了种种感情和思想。"[1] 其实，无论是勃兰兑斯还是高尔基都只是把世界文学史长期以来的文学观以一种质朴显豁的方式表达了出来而已。自从诞生以来，人类的文学其实始终都围绕着人、人生、人性、人情展开，具有鲜明的人类中心主义特色。对于文学的"模仿说"而言，文学模仿的是人类的生活；对于文学的"表现说"而言，文学表现的也只能是与人类相关的情感。至于文学起源的"劳动说"或"游戏说"，也无不表明文

---

1 勃兰兑斯:《十九世纪文学主流·第一分册·流亡文学》，张道真，译，人民文学出版社，1988年，第1页。

学只关注人类的活动、情感与命运。对于绝大部分作家而言，文学的核心宗旨就是探索人性的丰富性和复杂性，就是展示人类情感的参差多态，就是描绘人类社会历史的沧桑风云；即使要描绘大自然，即使要呈现人与自然的关系，也是为了给人性和历史提供舞台背景，或是为了更好地展现人类社会的丰富维度。

但是生态文学却要挑战这种"文学是人学"观中历史悠久的人类中心主义立场。从生态文学立场看来，文学并不是必然就只能围绕着人性、人情等人类世界展开，它同时也可以围绕着包括无机物、有机物的宽广无垠的自然世界展开；文学不能仅仅关注人与人、人与自我的关系，更要关注人与自然的关系。虽然文学是人类创造的并服务、作用于人类，但是文学并不必然就只能秉持人类中心主义立场。从生态文学立场来看，最好的文学是需要超越人类中心主义立场的文学，是能够关注其他自然生命的内在价值的文学，是能够从万物一体的生命共同体立场来审视人、自然以及世界整体的文学。

生态文学也不相信人与自然之间存在着泾渭分明的界限。生态文学认为人无法想当然地把大自然仅仅视为自己的生存背景，日月光华、苔藓草木、鸟兽虫鱼乃至无机的土壤矿物等都是大自然的某种能量形式，其实人类的个体生命、族群命运都只是大自然能量的一种运行方式。早晨被诗人吃掉的那个苹果，在上午的日光中化成了一首诗歌；而被小说家吃下的带血牛肉，可能终于化育成一篇反映黑暗人性的现代主义小说，甚至回响着被屠宰的肉牛的绝望和愤怒。诗人雪莱曾说过："波拿巴铁青的面孔、多皱的额头、黄浊的眼珠子、惊悸的神经系统——这些都明白地表现出了他嗜杀好胜的性格和永不餍足的野心。如果波拿巴家族世代食素的话，他就既不可能有篡夺波旁王朝王位宝座的野心，也不可能最终获得那样的权力。"[1] 当然，这也并不能反推出素食者就不会嗜杀好胜、痴迷权力，否则我们就无法解释希特勒的素食偏好了。诗人雪莱考虑的其实还是肉食背后的残忍暴虐对人的性格和人类历史的负面影响。这无疑是有一定道理的，也让我们意识到人类对待其他自然生命的残忍暴虐最终一定会反馈到人类自身的头上，人类与大自然之间并没有安全的隔离墙。

生态文学无疑还会继续关注人性、人情和人的命运，但是它会把人性、人情和人的命运拓展到大自然的范围中。生态文学不愿意画地为牢，而是有意在大自然的宏大秩序中来理解人性和人的命运。因此生态文学会有意地把人的审美眼光引向植物、动物乃至地球的各种生态系统。当《三国演义》《水浒传》《金瓶梅》这样的古典小说只津津乐道于历史风云、世俗人情时，生态文学还会勇敢地告诉人们，人身边的花草树木、鸟兽虫鱼以及山川湖海都同样值得最深情的审美观照。生态文学相信人类只有把自己的审美眼光投向大自然的万千众生时，才更能够超越自我中心主义，获得对生命真谛的透彻感悟。当普通作家都只为自我、个人、民族、种族、阶级乃至人类的悲欢而摇笔弄舌时，生态作家却把他们的情感共振范围拓展到千千万万的自然生命那里去了。这并不是他们对人类、人性失去了兴趣，而是他们深切地知道人类与大自然、人性与大自然乃是生命共同体，如果不能以万物一体的生态伦理眼光审视人性，最终也不可能理解人性。

至于西方人文主义的人类中心主义倾向也受到了生态文学的挑战。斯坦福大学东亚语言与文化系和比较文学系王斑教授在《世界文学的愿

---

1　转引自张旭春：《"绿色浪漫主义"：浪漫主义文学经典的重构与重读》，《外国文学研究》，2018年第5期，第93-104页。

景和陷阱》中就曾说："生态视角深入地球万物万类，重视人与生物系统同呼吸共命运的关联。气候、空气、植物、山川及生灵万类，是生态文学的浩渺无际的底色和语境。相比之下，人文主义的视角就很狭隘。天地万物只有在人的功利、发展的视野中才有意义，自然环境不过是社会环境和文明发展的背景。生态论述反其道而行之，其不认为小说中的人物和社会生活仅仅是文明自身的进化、纯粹的社会存在、政治的产物。这些人文框架在生态视野中，只不过是天演中的沧海一粟，进化恒河沙数中的一粒。"[1] 因此，王斑把生态文学视为当今世界文学的突破口，不是没有道理的。

动物叙事是生态文学的重要一翼。在既有的"文学是人学"观的视域内，动物形象几乎只能是符号化、象征性的，动物只是作为人性的一种投射，至于它们本身的生命感受、生活习性、生态位置等等均不受作家的重视。但是到了生态文学中，动物开始摆脱人类中心主义的审美歧视，展现出了动物生命的内在灵性，获得了更为真实的文学呈现。也恰恰是在对动物生命的内在性、真实性、丰富性、生态性的文学呈现中，人们能够更好地理解大自然，理解人类自身的特性和位置。


二


其次，生态文学是对作家的生存方式和世界观的巨大挑战。在生态文学之前，作家们似乎只愿意关注人类，相信"世事洞明皆学问，人情练达即文章"，要漂泊流离也是在人类社会中漂泊流离，要饱经沧桑也是饱经人世的沧桑。他们只愿意在人类社会中寻找自我认同，寻找生命

---

1　王斑:《世界文学的愿景和陷阱》,《中国社会科学报》, 2023年9月8日。

意义的归宿，寻找克服死亡之道。他们似乎相信，只要人性能够保持积极、昂扬、乐观的姿态，人的命运就不会坠落泥尘、花果飘零。因此他们积极地探寻人性的善与恶，呈现历史的吉与凶，展示社会的正义与不义，追寻前者，鞭挞后者，乐此不疲。他们创作的文学更多的是城市文学，这种文学面向城市、面向人类、面向人工。他们不屑于为大自然徒费口舌，更不在意自然生命的生死存亡。

现代主义作家、后现代主义作家往往都是寄居于城市的作家，他们对城市既抱着一种深深的眷恋，又有着莫名的敌意。但无论是眷恋还是敌意，他们依然是身陷于城市，身陷于人类世界的错综纠缠中，对大自然保持着遥不可及的疏离感。现代主义文学的鼻祖之一波德莱尔就相信自然是丑恶的，自然事物是令人厌恶的，他对人工美、对巴黎沙龙中矫揉造作的风格情有独钟，在乌七八糟的城市中去寻找瞬间的美，对大自然却往往不闻不问。被视为现代主义最经典作家的卡夫卡曾在《致菲丽斯》中说："我最理想的生活方式是带着纸笔和一盏灯待在一个宽敞的、闭门独户的地窖最里面的一间里。饭由人送来，放在离我这间最远的、地窖的第一道门后。穿着睡衣，穿过地窖所有的房间去取饭将是我唯一的散步。然后我又回到我的桌旁，深思着细嚼慢咽，紧接着马上又开始写作。那样我将写出什么样的作品啊！我将会从怎样的深处把它挖掘出来啊！"卡夫卡愿意自我困守于地窖中，认为这样才能挖掘出人性的真相，挖掘出真正的文学经典。这样的现代主义作家彻底把大自然从生命中放逐出去了。

大部分作家往往会不由自主地把大自然排斥在他们的世界观之外，他们专注于人与社会，似乎上帝只能是人的上帝，真理只能是关乎人性的真理。但是与这样的作家迥然不同，生态作家相信在大自然中存在着远为丰富复杂的世界，作家不应该把他的人生自我隔绝于大自然，而应该尽可能地用脚丈量大地，与大自然耳鬓厮磨，朝夕相对，做最充分的身心交流。因此，生态作家在生活方式上也表现出独特性。他们一般主动远离城市，投身于荒野、森林、江河湖海等自然世界，与花鸟虫鱼对视，观察自然万物，感悟自然之大道。例如梭罗在瓦尔登湖边开荒筑居，栉风沐雨，妙悟自然。约翰·缪尔经常漫游于约瑟米蒂山间，赏世间奇景，领悟生态哲思。约翰·巴勒斯更是深契于乡村自然，有意疏远城市，他甚至认为乡村文明是远高于城市文明的一种文明形态，因为在乡村中人被提高到能够与自然和谐相处，他常常漫游于纽约的山岭间，观鸟赏花，醉心于以大自然救赎世道人心。巴里·洛佩兹更是远赴北极五年，爬冰卧雪，风餐露宿，观察北极地区特有的自然景观。至于玛丽·奥斯汀、利奥波德、爱德华·艾比、蕾切尔·卡森、加里·斯奈德、特里·威廉斯等知名的美国生态文学家也无不如是，与大自然赤诚相依、身心交融。

生物学家爱德华·威尔逊曾提出"生物之爱"之说，意为人天然亲近自然生命，"对于这个星球上自然生命的依恋在我们这个系统中始终是坚定不移的……谁都无法想象，一位作曲家、画家或作家不曾从一只鸟、一棵树、一朵玫瑰花中获取过重要的情感"。[1] 的确，不少艺术家曾明确表达过对自然生命的深挚之爱。音乐家贝多芬曾放言："我爱一棵树甚于爱一个人。"画家凡·高则深情地说："促使庄稼向上生长的田地，在深谷中奔流的水，葡萄的汁液和仿佛从一个男人身上流过的他的一生，这一切都是一回事，是同一种东西。生活中唯一的一致就在于节奏的一致。我们大家，人、苹果、深谷、耕地、庄稼地里的小车、房子、马和太阳，

---

[1] 转引自格伦·洛夫：《实用生态批评：文学、生物学及环境》，胡志红等，译，北京大学出版社，2010年，第65页。

全都随着这个节奏跳舞……当你我开始感觉到世间万物运动的这一普遍的节奏时，你才算开始懂得了生活。"[1] 对于凡·高而言，如果不能感知世间万物运动的普遍节奏，人就不能算懂得生活，更何谈文学艺术的创作呢。其实，不少中国生态作家也已经改弦更张，从对人世人情的痴迷中走了出来，投身于广袤的大自然。例如徐刚足迹遍布华夏大地的山峦森林、江河湖海，以极为恢宏壮阔的眼光审视华夏大地的自然生态状况，为自然之殇而愤慨，为自然之美而振奋。刘先平曾三登高黎贡山，穿越柴达木盆地，走进帕米尔高原，考察西沙群岛，以如椽巨笔描绘华夏大地上的自然之壮美。胡冬林则抛家舍业，孤身深入长白山进行生态考察，长达五年之久，观察万千自然生灵的天矫姿态，感悟自然生命的生生不息，领悟超越性的生态智慧。陈应松也自觉地逃离大都市，进入神农架的林区深处，仰观俯察，呼吸领会，终得大自然最美的馈赠。阿来则经常退守川西藏区，巡游草原，出没林海，守护生态，博览万物。傅菲漫游于赣东北、闽北山林乡村，向植物觅取灵性，向灵兽觅取伦理，窥探自然尚存的大美，逆时代大潮而行，成为生态文明先行的孤勇者。此外，如韩少功、张炜、迟子建、贾平凹、红柯、于坚、雷平阳、华海、李元胜、哨兵、李存葆、李汉荣、古岳、李青松、半夏、沈念等生态作家也无不如是，积极投身于大自然，不再视城市生活为唯一的生活方式，也不再视人性与社会为唯一的写作题材，而是与大自然同呼吸共命运，雅致地呈现大自然的细密纹理。

更重要的是，传统作家的知识背景多局限于关于人性人情的生命经验，关于社会历史的风云沧桑，他们对自然科学的知识往往存在着一种出自本能的忽视乃至鄙视。在他们看来，文学要处理的是人性与情

---

1　转引自何怀宏主编：《生态伦理——精神资源与哲学基础》，河北大学出版社，2002年，第214页。

感，是人的社会与历史，至于自然科学揭示的物理规律、生态规律都是与此相距甚远，不值得多予关注。但其实，如果人不能够较充分地了解自然规律，不具有基本的自然知识，又如何能够更好地了解人性人情与社会历史呢？生态作家在此方面与传统作家存在着很大的区别，不少生态作家对博物学、鸟类学、植物学、生态学、动物学、海洋生物学等具有较为广博的知识。他们主动拓展知识背景，不让自己受限于传统的人文视野。例如梭罗对缅因森林的研究，法布尔对昆虫学的研究，吉尔伯特·怀特对区域生态学的研究，约翰·巴勒斯对鸟类学的研究，爱德华·艾比对沙漠生态学的研究，利奥波德对物候学的研究，蕾切尔·卡森对海洋生态学的研究，加里·斯奈德对内华达地区的森林和生态的研究，等等，不一而足。至于中国生态作家，也竭尽所能地拓展自己的自然科学知识背景，力图把更为广袤的自然世界纳入笔端，例如胡冬林、徐刚、陈应松、李青松等作家对森林生态学的研究，傅菲、肖辉跃、龙仁青、祖克慰等作家对鸟类的观察和书写，李元胜、半夏等作家对蝴蝶、昆虫的观察与研究。此外，詹克明、杨文丰等具有自然科学知识背景的作家加入生态作家行列，更是极大地拓展了生态写作的科学性。

## 三

再次，生态文学是对传统文学价值观的巨大挑战。传统文论基本上都是在人类的社会和历史的范围内来评说文学价值的。《左传》早就有"立德、立功、立言"的"三不朽"之说，文学当然归属于"立言"之列；但是所谓的"不朽"也只是指在人类社会中的名声延续问题。曹丕在《典论·论文》中说："盖文章，经国之大业，不朽之盛事。"归根到底，说的也是文学在人类历史中博取永垂不朽的名声问题。刘勰在《文心雕龙·原道》中开篇就说："文之为德也大矣，与天地并生者。何哉？夫玄黄色杂，方圆体分，日月叠璧，以垂丽天之象；山川焕绮，以铺理地之形：此盖道之文也。仰观吐曜，俯察含章，高卑定位，故两仪既生矣。惟人参之，性灵所钟，是谓三才。为五行之秀，实天地之心，心生而言立，言立而文明，自然之道也。"刘勰认为文学之道是对天地之道的模仿，以极为开阔的眼光注意到了文学的自然根源。但随后他还是强调征圣、宗经，文学终究是在敦睦人伦、和谐族群的引力范围内发挥作用。古希腊柏拉图认为诗人的重要任务就是歌颂神的至美至善，教导青年变得节制与勇敢，有助于建立正义的城邦和培育正义的人格；如果有诗歌亵渎神灵、丑化英雄、摧残理性、鼓励情欲，就要把创作这些的诗人驱逐出理想国。亚里士多德则认为悲剧是对人的怜悯与恐惧等情绪的净化。他们都还是在人类的社会与历史范围内来谈文学的价值的。先贤们本来就生活在高度人类中心主义的社会历史中，他们对文学价值观的确立是有历史合理性的。

但是随着全球性生态危机的加剧、人类世的到来，人就不能把文学的功能仅仅局限于人类社会与历史之中了。据以色列科学家的研究，2020年人类使用的所有材料的总质量已经超过了地球上所有生物的总质量，即"人工圈"的总质量已经超过了"生物圈"的总质量。2022年，地球生态超载日已经提前到了7月28日，而2023年的地球生态超载日也到了8月2日。更不要说近年来全球的气候变暖、极端天气事件频发。面对这些自从人类诞生以来从未遭遇过的生态问题，文学怎么可能依然局限于人类社会与历史呢？如果全球性生态危机持续恶化下去，地球这艘宇宙飞船即将出现生态崩溃，那样即使是人的"三不朽"齐备，人具有善美兼备的人格，获得文学的情感净化，又有何意义？因此，文学必须面对全球性生态危机的挑战，自觉地承担起反映生态危机的现状，探寻生态危机的社会历史文化根源，促进人类生态意识的觉醒，为守护地球生态整体的良性运行而努力。这是全球性生态危机时代赋予文学的新的使命、新的价值观。

当然，我们也意识到造成生态危机的罪魁祸首是新老殖民主义的霸权掠夺，是自由主义经济学的全球出击，强势发达国家不停地从落后国家地区掠夺自然资源，维持着本国人民过高的消费生活。因此生态文学不能仅仅停留在不加区分的生态批判之上，还必须结合生态正义观念，推进可持续的生态与正义之实现。

我们知道，文学终究是人创造的、属于人的、影响人的文学。生态文学要完成时代赋予的新使命，必须竭尽所能地跳出传统文学的画地为牢，必须重新为大自然复魅，恢复现代人对大自然的兴趣，激发出现代人尊重自然、敬畏生命的伦理意向；更要促使现代人抛弃人类中心主义的顽固积习，反思他们被消费主义塑造的生活方式，重建与大自然和谐相处的理想生活。生态文学需要大胆地拓展现代人的自然想象，积极地恢复现代人的自然情感，让现代人重新感受到人与自然生态之间最密切的血肉关联。在全球化时代里，生态文学要像拉夫洛克所言的那样，促使人类从自我中心转向以地球为中心，意味着学会与地球和谐共存，谦卑地接收地球的馈赠，并给地球以保护。

# 结　语

生态文学真正要构筑的是一种人类世时代的大文学观，这种文学观突破了传统文学观的人类中心主义偏见，确立了生态整体主义的宏观视域。这种文学观指导下的文学既关注人类的人性、人生、人情，也关注人与大自然的错综关系，更关注自然生命的万千姿态。这种大文学观考虑的不仅仅是人类的生死存亡、喜怒哀乐，同时还考虑着自然生命的共生共荣。这种大文学观会倾向于在宏大的全球能量循环系统中、地球生态系统整体中来理解人的地位和意义、文学的位置和价值，而不是脱离这个整体背景来孤立地理解人与文学。这种大文学观也倾向于促使现代人再次恢复具有地方感的生活方式。著名作家陈应松曾说："生态是文学重要的内置，没有生态的内置，文学是僵死的、同质化的，生态也是启动文学的密钥。生态直接塑造人的宇宙观、世界观和生命观。"[1]的确，生态文学观闪烁出来的将是未来生态文明的璀璨光芒。真正的生态文学将会再次激活全人类的文学想象力，促使全人类萌生对地球真正的皈依之情，促使全人类超越性别、种族、阶级、民族、国家之歧异，真正融入到生生不息的宇宙生命之流中去。

---

1　陈应松：《生态，以及文学》，《天涯》，2022年第1期，第56—60页。

# 作为"新人文"的生态批评：
# 关于"人""文"与"自然"的再思考[*]

龚浩敏[**]

**摘要：** 本文从"生态批评"的视角，对"新人文"的建构提出一些见解。生态批评为我们思考"人""文"与"自然"等概念提供了新的思路，是"新人文"的应有之义。本文由以下几组关键词的辨析与辩证展开讨论："科学、人文、自然"；"全球、地方、自然、民族"；"人、文、自然、文明"。笔者认为，在"新人文"新的思考框架之下，我们可以展开一种新的"文明的自然"或"自然的文明"的讨论。以"自然"为核心的生态批评，已然超越了简单的"自然书写"，而是在一切的由"文"所建构的人类文明之中，去发掘"自然"的意义和潜能。"人文"既是"文化"的，也是"自然"的，更是"人"的。"新人文"之"新"，也是生根于传统之中的。

**关键词：** 生态批评　自然　人文　新人文

　　中国现代历史上，曾有两次影响深远的关于"人文"的大讨论，一

---

\* 本文系香港政府大学资助委员会优配研究金资助项目 "Ethnicity and Ecology in Chinese Cinema since 1949（新中国电影中的民族与生态问题）"（编号：LU 13602721）阶段性成果。

\*\* 龚浩敏，博士，香港岭南大学中文系副教授。主要研究方向为中国现当代文学、中西比较文学与生态批评。电子邮箱：haomingong@ ln.edu.hk。

次是20世纪20年代的"科学与玄学"的论战，其发生背景是西方现代自然科学与人文思想的引入，对中国传统文化和社会结构所产生的巨大而全面的冲击；另一次是20世纪90年代的"人文精神"大讨论，其发生的语境是中国社会的全面市场化和全球化，以及商品经济与消费主义的大举张扬。

21世纪进入第二个十年，"人文"再次成为中国和全球学术界及思想界的焦点。此时，人们所面对的生存情势更为复杂：环境破坏与生态退化日益加速，南北差距不断扩大，战争乃至核毁灭的威胁近在咫尺，以人工智能为代表的科技发展对"人"的本体意义提出空前挑战等等。这一切让"新人文"负重而出，它不仅承载历史所传递的重担，更需直面现实及未来所赋予的使命。

本文将从笔者所长期致力于的生态批评的视角，尝试对"新人文"的建构提出管窥之见。之所以采用这一角度，是因为生态批评不仅为我们思考"人""文"与"自然"等核心概念提供新的思路，也是"新人文"的应有之义。以下，我将由几组关键词进入，展开对作为"新人文"的生态批评，或以生态批评为代表的"新人文"的思考。

## 作为"新人文"的生态批评之关键词组之一：科学、人文、自然

相对于传统人文，"新人文"之"新"，主要体现在以下几个方面：其一，在观照对象上，"新人文"直面当代全球经济、政治、文化形势的极速巨变，科学技术的加速更新以致日渐呈爆炸性发展态势，道德伦理秩序极端不稳定从而导致与时更新的内在驱动不断积累；其二，在发展目标上，"新人文"既坚守人文精神的核心价值，如"慎思明辨""批判

性思维""多元文化相互沟通""道德伦理自省"等，同时也积极探索新情势下新价值的走向与可能；其三，在方法论上，"新人文"纳新吐故，以开放创新的态度，探寻跨学科性、融合尖端科技、具全球宇宙观的前瞻性理论。

生态批评可以说是一门具有典型性的"新人文"学科。首先，生态批评的研究对象，亦是"新人文"所观照的对象。毋庸讳言，生态问题已成为当今全球各国所有人群无可逃避必须直面的最紧迫的问题。全球气温上升、气候变化、海平面升高、物种加速灭绝、环境自我更新机能退化、污染扩散、疫情频发……伴随这些生态问题而来的道德伦理、权力政治、意识形态、认知方式、表述形式、情感认同等问题，也在不断地挑战着人类的理性与良知，重塑人与自然的关系，质疑人之为人的根本命题。所有这些问题不仅仅是科学家所要、所能处理的问题，也是人文主义者所必须勠力攻克的思想难关。

其次，在研究方法上，生态批评的兴起，要求打通自然科学、社会科学与人文学科间的藩篱，如此，方能应对当前高度复杂、无比纠缠的新情境。而这，也正是"新人文"的内在要求。正如理查德·E.米勒（Richard E. Miller）与科特·斯佩尔梅耶（Kurt Spellmeyer）在其合编的《新人文读本》中写道："如果人文学科要继续存在，它们必须以新的方式来理解这一现实：它们不是特定专业或领域的知识，而是所有知识中有关人的维度。"[1]其实，这一贯通性思想，对于中国学人而言并不陌生——中国传统学术讲究"文史哲"不分，便是一例。然而，近代西方学术的发展，特别是自然科学的发展，带来了现代学科的分类，且随着

---

1　Richard E. Miller and Kurt Spellmeyer, *Reading and Writing About the New Humanities*, in Miller and Spellmeyer, eds., The New Humanities Reader, Sixth Edition (Stamford, CT: Cengage Learning, 2019), xvii.

认识的深入与技术手段的提高，学科分类细化的趋势不断增强。究其根源，乃是西方"自然哲学"与"自然科学"发展的结果，即如吴国盛所言"自然的发现"之过程：在作为"本质"和"根据"的"自然"的存在者领域中，人们开辟出一个被称为"自然物"的事物领域，"从而创造了'自然'的'哲学'（科学）"。[1] 哲学与科学，其同根与分野，贯穿"自然"的观念史演变，也启发着今天人文与科学间的角力与合作。在生态批评中，两者间的角力与合作，更是体现在"自然"与"生态"和"环境"等概念间的纠缠、人文情感与科学理性间的张力，以及"自然"所积累的复杂的内涵与外延之中。以下，我将从两个角度对生态批评中的人文与科学之关系进行辨析。

第一，生态批评"浪潮"中自然科学与人文学科的转向。美国生态批评学者劳伦斯·布依尔（Lawrence Buell）曾这样勾勒生态批评发展的第一次和第二次"浪潮"：

第一次浪潮更强烈地召唤科学知识，试图为"人"的境遇提出基石，伸张科学理论阐释自然法则的力量，以及视科学为纠正主观主义与文化相对主义的良方。

由厄休拉·K.海瑟（Ursula K. Heise）与凯瑟琳·N.海勒斯（Katherine N. Hayles）等具有科学倾向的第二次浪潮的环境批评家的观点来看，科学与文化之间的分界更为模糊。如海瑟所言，她与海勒斯都主张"讨论文学中生态问题时需以科学知识为前景"，但同时她们都将科学与人类文化的关系展望为一个反馈回路（feedback loop），其中科学既被视为客观化的学科，也被认作是人文直接指导

---

1　吴国盛：《自然的发现》，《北京大学学报》，2008年第5卷第2期，第65页。

的事业；科学话语对于文学环境批评有着举足轻重的重要性，却不可作为权威性的样板。科学话语与文学话语必须相互借镜且互为批判。[1]

由此可见，生态批评从最初便融合自然科学与人文批评，探讨人与自然之间无法分割且微妙复杂的关系。这一关系随着认识的深入在不断调整，由以自然科学主导人文批评的所谓"客观性"和"科学性"，到对"客观性"和"科学性"的反思，科学与人文相互回馈，互为借镜与互为批判——生态批评中自然科学与人文学科间的张力与互动，是"新人文"内在重塑的重要体现。

第二，"自然"在生态批评中的重新定位。生态学者就"生态""环境""自然"等概念有过众多辩论，试图厘清领域中最基本的概念问题。例如，布伊尔主张使用"环境"一词，因为它不仅包括自然环境，还包括人工环境、城市环境等与当代生活更为紧密相关的问题。他表示："我以为'环境'比'生态'更接近于争论对象的混杂性——全部'环境'实际上包含了'自然'因素与'建构'因素之融合。"[2]而中国学者王诺则主张"生态"的概念，因为他认为"环境"带有人类中心主义意涵，而"生态"则表示众生平等。在全面梳理了西方生态批评理论后，他总结道："环境主义的思想根源主要是'弱人类中心主义'，或'开明人类中心主义'，或'现代人类中心主义'。……生态主义的思想根源主要来自生态学的系统观、联系观、平衡观、和谐观，来自卢梭、达尔文、恩格斯的生态思想，来自海德格尔的生态哲学，来自大地伦理学、深层生态

---

1　Lawrence Buell, *The Future of Environmental Criticism: Environmental Crisis and Literary Imagination* (Malden, MA: Blackwell, 2005), 18, 19.

2　Ibid, 21–22.

学和该亚假说等当代整体论生态哲学。"[1] 王诺的观点回应了美国生态批评家谢里尔·格洛特费尔蒂（Cheryll Glotfelty）对生态批评的阐释："'环境'是一个人类中心和二元对立的术语。它意味着我们人类在中心，周围由所有非人的物质环绕，那就是环境。与之相对，'生态'则意味着相互依存的共同体、整体化的系统和系统内部各部分之间的密切关系。"[2] 美国生态理论家蒂莫西·莫顿（Timothy Morton）则认为生态批评要摒弃"自然"的概念，因为"自然"承载着过多的文化意涵，不利于科学理性地讨论生态问题。他写道："为许多人所珍视的'自然'的概念，在人类社会的'生态'状态中，必将幻灭。这或许听起来有些奇怪，但自然的概念正成为文化、哲学、政治和艺术真正生态形式的障碍。"[3]

而我却以为，生态批评恰恰应该回到自然，以自然为中心。可以说，没有自然，何来生态？相较于更具现代科学意义的"生态"和"环境"，"自然"的概念贯穿远古与当下，兼具形上与形下的意涵。在西方，"环境"（environment）一词出现于1600年左右，由产生于14世纪的动词"环绕"（environ）发展而来。但它表示现代科学意义上的"人类生活周遭情境之综合体"，则是在1827年，而其产生明确的生态意义，则是到了1956年。[4] "生态"（ecology）一词由德国动物学家恩斯特·海克尔（Ernst Haeckel）于1866年创造，德语是Ökologie（最初：Oecologie），由希腊语词根"oikos"（家、居所）加词缀"logos"（学问、知识）组成，表示

1　王诺：《生态思想与生态批评》，人民出版社，2013年，第58页。

2　Cheryll Glotfelty, *Introduction: Literary Studies in an Age of Environmental Crisis*, in Cheryll Glotfelty and Harold Fromm, eds., The Ecocriticism Reader: Landmarks in Literary Ecology (Athens & London: The University of Georgia Press, 1996), xx.

3　Timothy Morton, Ecology without Nature: Rethinking Environmental Aesthetics (Cambridge, MA: Harvard University Press, 2007), 1.

4　"环境"一词的词源信息，参见：https://www.etymonline.com。

"有机体与周遭外部世界关系的全部科学"。[1] 因此，当今生态批评既具有强烈的自然科学的倾向，又含有"诗意栖居"的人文主义意涵。在中国，虽然"环境"一词早在《新唐书》和《元史》中便已出现，[2] 但其现代意义上的用法，则是在19、20世纪之交通过日译名词介绍到中国来的。"生态"一词同样是先由日本学者翻译自西文，之后在20世纪30年代初由日译名词引入中国。[3]

但是，不论是在西方还是在中国，"自然"都是一个历史久远，且具有丰富意涵的概念。英国哲学家、历史学家、考古学家罗宾·乔治·柯林武德（Robin George Collingwood）在他的著作《自然的概念》（*The Idea of Nature*）中，梳理了从古希腊到西方现代的不同历史语境中，"自然"的内涵与外延是如何演变的。[4] 而在中文世界中，由先秦至近代的近两千年时间中，"自然"呈现出不同于西方的思想演变路径。[5] 直到20世纪初，中国才出现近代思想观念中所谓"自然"的意义。[6] 如吴国盛总结中西"自然"概念的演变时写道："自然作为一个存在者领域被开辟出来，与'自然'被等同于'本质'、'根据'直接相关。中国古人的'自然'始终保持着'自主、自持、自立'而未跌落，因而不可能借此开辟一个建立在差异之上的特定存在者领域。即使魏晋时期'自然'已有

1　Ernst Haeckel, *Generelle morphologie der organismen*. Allgemeine grundzüge der organischen formen-wissenschaft, mechanisch begründet durch die von Charles Darwin reformirte descendenztheorie, vol. 2 (Berlin: G. Reimer, 1866), 286.

2　何九盈、王宁、董琨主编：《辞源（第三版）》，商务印书馆，2015年，第2763页。

3　马振兴、胡泽、张伟、周长发：《中外文"生态学"一词之最初起源及定义考证》，《生物学通报》，2017年第52卷第11期，第10页。

4　参见柯林武德：《自然的概念》，吴国盛译，商务印书馆，2018年。

5　参见池田知久：《中国思想史中"自然"的诞生》，载沟口雄三、小岛毅编：《中国的思维世界》，孙歌等，译，江苏人民出版社，2006年，第10—45页。

6　蔡英俊：《"自然"概念的发展及其意义的转换》，《政大中文学报》，2017年第27期，第17页。

'自然物'之意，一个独立的、区别于制作物的自然物世界，对古代中国人而言，也是闻所未闻。中国古代没有孕育出自然科学，不是错失，而是不同的存在命运。"[1]

因此，在当下中国语境中讨论"自然"，必然承担古今中外思想史给予当代人的重负。但这并不能成为我们视"自然"为"文化、哲学、政治和艺术真正生态形式的障碍"的理由；恰恰相反，"自然"思想史的源远流长应成为我们无比珍视的丰富宝藏，让我们在一个更宏阔的时间维度与更广袤的空间维度上，思考万物间无比纠缠的关系。"自然"何以成为人类许多认识的起点？又怎样被用作人类认知的合理性依据？如果说"生态"与"环境"之争的核心问题是"人类中心主义"，那么"自然"则将"人"置于更为复杂的位置上思考。但唯有如此，方能展开生态批评无比丰富的面向，激发其深不可测的潜能。而这不正是"新人文"的应有之义吗？不正是"新人文"之为"新"的根据吗？

## 作为"新人文"的生态批评之
## 关键词组之二：全球、地方、自然、民族

"新人文"主张超越地域区隔，发展全球性乃至宇宙性视野；但同时，地方依旧是人类生活与情感最紧密的依附之所，而民族国家仍然是当今世界社群组织和人群认同的最常见单位。这一张力构成了"新人文"研究的一个重要面向。生态批评中"地方"与"全球"或"星球"的辩证，可视为"新人文"研究的生动注脚。

美国生态批评学者琼妮·亚当姆森（Joni Adamson）与司各特·斯

---

1　吴国盛:《自然的发现》,《北京大学学报》, 2008年第45卷第2期, 第65页。

洛维克（Scott Slovic）认为，滥觞于21世纪初生态批评的第三次浪潮，"既认可种族与民族的特殊性，又超越种族与民族的边界；它从环境的视角检视人类经验的所有面向"。[1] 斯洛维克进一步解释到，这次浪潮中最为显著的特征是，"作为全球性概念的地方与新区域主义对地方的依恋，学者对两者之间的张力做出富有成效的考察，由此产生出众多新的词汇，如'生态世界主义'（eco-cosmopolitanism）、'根性世界主义'（rooted cosmopolitanism）、'全球精神'（the global soul）以及'跨地方性'（translocality）。"[2] 这次浪潮中最具代表性的是海瑟所倡导的"生态世界主义"与"星球意识"（sense of planet）[3]；而与之相对，汤姆·林奇（Tom Lynch）提出"新生态区域主义"（neo bioregionalism）[4]。两者作为此次浪潮的辩证双方，其对话与角力，驱动浪潮铺陈出生态批评对于空间与视野的勠力探索。

在这一对话中，由"生态""环境"与"自然"的角度来探讨族群与世界的问题，在当代学术界成为一个新兴话题。就华语文学文化而言，从王明柯由文化人类学角度所做的"华夏边缘"研究[5]，到王德威借用和辻哲郎、边留久（Augustin Berque）等的"风土论"所做的南洋文学文化

---

1　Joni Adamson and Scott Slovic, *Guest Editors' Introduction: The Shoulders We Stand On: An Introduction to Ethnicity and Ecocriticism*, MELUS: Multiethnic Literature of the United States 34, no. 2 (Summer 2009): 6–7.

2　Scott Slovic, *The Third Wave of Ecocriticism: North American Reflections on the Current Phase of the Discipline*, Ecozone@ 1, no. 1 (2010): 7.

3　参见Ursula K. Heise, *Sense of Place and Sense of Planet: The Environmental Imagination of the Global* (New York: Oxford University Press, 2008)。

4　参见Tom Lynch, *Xerophilia: Ecocritical Explorations in Southwestern Literature* (Lubbock, TX: Texas Tech University Press, 2008)。

5　参见王明柯：《华夏边缘：历史记忆与族群认同》，上海人民出版社，2020年。

研究[1]，均考察了自然环境、地理条件、气候变化与族群形成与发展之关系，继而追寻政治、历史、文化变迁中族群的迁移、重组与再认同。

考虑到在中西语境中"自然"与"民族"的内涵与外延均有所区别，笔者曾经撰文，从比较的角度讨论生态批评中两者的关系问题。文章中参照当代西方，特别是以欧美为核心的生态批评，提出了有关中国生态批评与民族关系的若干想法。其中最重要的论点包括：一，西方生态批评话语中的"民族"问题，其最基本的依据是"种族"（race），而在中国，总体而言，"种族"不构成中国民族问题中的核心问题。二，西方以种族边界作为区分性的视角，在生态批评中引发出"生态种族本质主义"倾向，其表现为在生态环境议题上对特定种族的浪漫化或妖魔化；中国亦然，有时是西方生态种族主义的受害者，甚至会"自我东方主义化"，而有时却又强加于中国少数民族，即所谓"内部东方主义化"。三，"生态种族主义"与其他平权议题——包括性别平等、阶级平等、年龄平等、受教育权平等，等等——交织一起，构成社会正义的复杂网络，因此，不同族群的生态正义问题往往须置于众多其他权力关系中考察。四，西方生态种族主义问题，其明确的历史根源是西方的殖民主义历史，而中国现代民族国家也正是在这一世界语境中形成，且此世界语境很大程度上定义了中国现代民族国家内部的民族关系。[2]因此，讨论生态书写中的"民族"问题的时候，会带出一系列极为复杂的概念性问题，比如英语语境中的race，ethnicity和nationality，中文语境中的中华民族和少数民族，它们之间是否可以互译或如何互译？另外，就是极为棘手的"民族—国家"这一当今世界现代政治体系的基本框架，中国传统的民族关系与宗

---

1 参见王德威、高嘉谦编：《南洋读本：文学、海洋、岛屿》，麦田出版社，2022年。

2 参见龚浩敏：《生态批评与"民族"：从比较的视角反思》，《中国比较文学》，2022年第3期，第34-51页。

藩政治向其转化，之后又面临跨国全球化的重组，其间所产生的种种极为复杂的纠缠与纠葛，又如何由人与自然的关系，进而人与社会的关系而展现呢？文章以姜戎的《狼图腾》为例，提出了小说以及小说在中西传播以及批评语境中，所呈现的"生态问题民族化"和"民族问题生态化"的问题，即将复杂的当代经济、社会、政治、文化、民族、宗教等问题，简单化为容易占领道德制高点和获得政治正确性的表层的生态和民族叙事。文中写道："在小说中，生态问题与民族和民族主义问题分别显影于中国当代现实的两端，前者作为富于戏剧张力且具有国际气质的通货，举重若轻地象征化了一系列复杂的经济、社会、政治、文化问题，而后者作为被高度普适化的西方身份认同话语，化身为放之四海而皆准的理论便利贴，一劳永逸地承担了上述问题之对症良方的不情之请的义务。"[1]

关于"自然"与"民族"的问题，在之后为《劳特利奇文学与环境指南》（*Routledge Companion on Literature and the Environment*）论集所撰写的章节中，笔者做了进一步反思。该文是以英语为西方读者所写，之前认为已做过阐释的问题，在该书的几位编者看来，仍需进一步解释方能与读者沟通，例如"自然"和"民族"的概念。相反，一些我以为并不合适或有问题的概念和理论框架，编者却鼓励或要求使用，例如"Ecoracism"（生态种族主义）和"postcolonial ecocriticism"（后殖民生态批评）等西方生态批评中常见的理论。显然，这是中国学者与西方学界沟通和交流之中常常遇到的问题。最终的解决方案是，尽量在西方读者较容易理解的框架中，较为温和而恳切地引入和解释超越框架或与框架

---

1　龚浩敏：《生态批评与"民族"：从比较的视角反思》，《中国比较文学》，2022年第3期，第48—49页。

相抵触的问题和思考。具体而言，文章以"生态种族主义"和"后殖民生态批评"为切入点，反思和质疑在中国情境中使用"种族"和"后殖民"等概念是否适合，提出以中国具体语境为基础的"自然"和"民族"的重要性，并强调要将自然与民族问题的考察，置于中国"现代性"追求的具体实践之中。文章讨论了阿来的《空山》三部曲中，少数民族与汉族、自然崇拜与征服自然之间的张力，如何形构建立多民族统一、现代民族国家的中国叙事。[1]

自然环境与民族认同，自然情态的变迁与民族关系的调整，对自然的形塑与对民族的重整等等，其中有关权力的交替、情感的纠葛和人性的思索，无不启发了中国生态批评对此议题在中国情境中的独特展开进行深入探索。然而，对于中国生态批评而言，又必须超越中国民族国家的有限界域，将目光投向更为深远的地区、世界和星际。这是作为"新人文"的生态批评的内在要求。

## "新人文"之"人""文"之辨：自然与文明

在"新人文"对于宇宙空间和未来时间的展望中，最引人注目的莫过于"后人类主义"（posthumanism）叙事。"后人类主义"的产生，是对于传统的"人类主义"或"人文主义"（humanism）的反对，尤其是后者中根深蒂固的"人类中心主义"。"新人文"的出现，亦是由创新于传统人文的内在要求所驱动。那么，"新人文"与"后人类"将如何重新定义或定位"人文"呢？

---

1　Gong, Haomin. *Reconfiguring Nature and Minzu in Chinese Eco-Literature.* In Routledge Companion on Literature and the Environment, edited by Claire Westall, Sharae Deckard, Treasa De Loughry, and Kerstin Oloff. New York and London: Routledge, forthcoming.

　　作为"新人文"的生态批评，其核心价值便是挑战"人类中心主义"。生态批评广义上对"人类中心主义"的挑战，在开始于2008年的第四次浪潮中的"物转向"（the material turn）中达到顶峰。所谓"物转向"即由对"人"的关注，转向对自然万"物"的关注。如斯洛维克所解释的，这次浪潮强调"环境事物、地方、过程、力量和经验的根本性的物质性（身体性与后果性）"。他观察到"生态批判实践中越来越强的实用主义"，即"'学院生态批评'现在大量产生新的'实用生态批评'，将生态批评运用到人类基本行为与生活方式选择之中，例如衣食住行"。[1]"物转向"强调物之主体与能动，关注史黛西·阿莱莫（Stacy Alaimo）所说的人类与超越人类的世界的"跨身体"（trans-corporeal）关系。这种思维方式将"催化对'环境'的新的认识，它不再是如之前人们以为的惰性的、空洞的空间，或供人类使用的'资源'，而是有其自身需求、伸张、行为的，由鲜活事物构成的世界"[2]。

　　在这一"物转向"中，对"物"的深切关注，反过来激发了对"人"的重新思考。例如，莫顿所提出的"超物"（hyperobject）的概念，即"相对于人类而言，分布于巨大时间和空间之中的物"，[3]当然是赋予了此"物"以强大的主体性，但"超物"之"超"，则是"相对于人类而言"。亦即，"超物"之主体特性，是以"人类"之尺度而衡量的；当这一尺度被超越时，人之所以为人的内在规定性经受了怎样的挑战呢？对

---

1　Scott Slovic, *Editor's Notes*, ISLE: Interdisciplinary Studies in Literature and Environment 19, no. 4 (Autumn 2012): 619.

2　Stacy Alaimo, *Trans-corporeal Feminisms and the Ethical Space of Nature*, in Stacy Alaimo and Susan Hekman, eds., Material Feminisms (Bloomington and Indianapolis: Indiana University Press, 2008), 238.

3　Timothy Morton, *Hyperobjects: Philosophy and Ecology after the End of the World* (Minneapolis and London: The University of Minnesota Press, 2013), 1.

于这个问题，学者们提出了许多令人震撼甚至脑洞大开的想法：首先是荷兰大气化学家保罗·克鲁岑（Paul Crutzen）在2000年提出的"人类世"（Anthropocene）的概念，即人类活动对地球的影响足以命名一个新的地质时代。[1] 与之相对的是美国科学技术与文化学者唐娜·J.哈拉维（Donna J. Haraway）在2014年提出的"克苏鲁世"（Chthulucene）的概念，这是一个代替"人类世"的万物共生乃至群魔乱舞的幻想中的地质世代——它非自动生成（autopoietic），而是共同生成（sympoietic）；它没有开始，没有节点；不自我封闭，不迂回；它有无数接触点，并不断散发触须……。[2] 而杰生·W.莫尔（Jason W. Moore）在2016年提出的"资本世"（Capitalocene），则反对将本质化和抽象化的"人"笼统地作为改变地球生态的罪魁祸首，而是指出是资本"重组了自然——使之成为多物种、有条件的、资本主义的'世界生态'"。[3] 这一系列概念的提出，从根本上重新思考了人在时空与存在中的位置。

生态批评也以积极的姿态迎接想象中，抑或正在到来的"后人类"情境。例如，王斑教授在其生态批评专著《以自然为家：现代中国的技术、劳动与批判性生态》（*At Home in Nature: Technology, Labor, and Critical Ecology in Modern China*）一书中，以三分之一的篇幅讨论科幻给自然带来的重新想象。[4] 在另一篇文章中，笔者以当代最具影响力的科

---

1 Crutzen, Paul J. *The "Anthropocene"*. In Earth System Science in the Anthropocene, edited by Eckart Ehlers and Thomas Krafft. 13–18. Berlin, Heidelberg: Springer, 2006.

2 Donna J. Haraway, Staying with Trouble: The Making Kin in the Chthulucene (Durham and London: Duke University Press, 2016), 33.

3 Jason W. Moore, *Introduction: Anthropocene or Capitalocene? Nature, History, and the Crisis of Capitalism*, In Jason W. Moore ed., Anthropocene or Capitalocene? Nature, History, and the Crisis of Capitalism (Oakland, CA: PM Press, 2016), 6.

4 参见：Wang, Ban. *At Home in Nature: Technology, Labor, and Critical Ecology in Modern China*. Durham and London: Duke University Press, 2022.

幻作品《三体》为例，探讨自然与后人类：作家刘慈欣如何想象在无比浩瀚的时间和空间维度中，"后人类"以"自然法"重组其社会结构，以对"自然规律"的克服创造最犀利的武器，以令人叹为观止的对自然的认知构建其地球工程学、星际工程学乃至宇宙工程学——人为制造的小宇宙内的"田园"生活，成为"后人类"最精致且最不可思议的人与自然的象征；而以星际火箭发射人类脑部的创举，在"后人类"语境中再一次叩问抑或反证了人的本质。[1]归根结底，"后人类"还有"新人文"，以及两者都在挑战的"人文主义"，不都一直在思考"人何以为人"的大哉问吗？不都一直试图在不同的自然和人文条件中安放人类和其心灵吗？

最后，在这无限向外的展望中，我们将视线再次拉回到"人文"的内部，多做一些思考。中文将西词"Humanities"翻译为"人文"，自有深意。在中国人的思维中，"人"需以"文"来安放，以不断的书写与铭刻，来探看、追寻和认知"天人之际"的幽深。"人文"不仅有"人"，还有"文"，而"文"恰恰是联结"自然"与"文明"的通道。学者王德威曾指出，中国人心中的"文"涵盖文饰符号、文章学问、文艺书写、文化气质、文明传承诸层面："中国文学的'文'源远流长，意味图饰、样式、文章、气性、文化与文明……这是一个持续铭刻、解读生命自然的过程，一个发源于内心并在世界上寻求多样'彰显'（manifestation）形式的过程。这一彰显的过程也体现在身体、艺术形式、社会政治，乃至自然的律动上。"[2]因此，对"文"的探讨，再一次将"自然"与"人"

---

1　Gong, Haomin. *Nature, Sci-Fi, and the Posthuman in The Three-Body Problem*. ISLE: Interdisciplinary Studies in Literature and Environment. forthcoming.

2　王德威：《导论："世界中"的中国文学》，载王德威编：《哈佛新编中国现代文学史》，四川人民出版社，2022年，第10页。

相联结；同样，对"人"的思索，也不期然勾连起"自然"与"文（明）"。重新思考"人文""人"与"文"，或者"人之文"以及"文之人"，也正是在探寻"自然""人"与"文明"之间的复杂辩证。

生态批评依其最基本与广义的定义，即是"研究文学与物质环境之间的关系"。[1]如此，它也正是以"文（学）"来探讨"人"与"自然"的关系。文学所勠力触碰和照亮的，是人性与自然最曲折幽深、晦暗不明、沉潜深切之处，它所反对的是道德说教的简单展示，科学结论的机械敷衍，理性主张的呆板铺排。文学自有其敷衍出由自然到文明无穷形态的巨大力量，它不能也不会沦为某种科学或道理的附属品和展示道具。如此，生态批评也正是"新人文"的应有之义。作为"新人文"的生态批评，如上所述，是包含"人""文"与"自然"三者之间的复杂辩证。正因如此，我以为，生态批评在挑战"人类中心主义"的同时，绝不应激进如某些批评家，以所谓"生物中心主义"或"深层生态批评论"等的名义来贬毁"人"，甚至剔除"人"。这样往往让他们陷入某种逻辑的悖论，将人与自然对立起来，甚至产生某些"反人类"的思想。并非在生态批评中讨论"人"之伟大便是"人类中心主义"。没有人的自然，何以谈论"人文"？相反，在"新人文"的新的理论框架之下，或许我们可以思考一种新的"文明的自然"，或"自然的文明"。这再一次回到我上述所提倡的建立一种以"自然"为核心的生态批评。它已然超越了简单的"自然书写"，而是在一切的由之中，去发掘"自然"的意义和潜能。

---

1　Cheryll Glotfelty, *Introduction: Literary Studies in an Age of Environmental Crisis*, in Cheryll Glotfelty and Harold Fromm, eds., The Ecocriticism Reader: Landmarks in Literary Ecology (Athens & London: The University of Georgia Press, 1996), xviii.

# 结语："新人文"的新与旧

今天，交叉学科的兴起，跨学科研究的繁荣，在新的层次上再一次回应了打通学科间壁垒的呼求，为发现新问题、解决新问题提供新思路和新的方法论。它要求创造贯通的新思维、新理论、新方法，开辟新领域，探讨新问题。但"新"并非要另起炉灶，而是要激活传统，在传统与创新的辩证中，开辟出"新人文"的道路。正如我在上文所主张的围绕"自然"所展开的生态批评，正是在激活"自然"的"旧"意之中，我们方能理解其"新"意之所依、之所以。"人文"亦然：只有真切体悟"文"之贯通自然与文明的深厚传统，我们才能深刻了解"人"在天地万物间，从古至今对自身不断的刻画与铭写。因此，"人文"既是"文化"的也是"自然"的，更是"人"的。而"新人文"当然是"新"的，但此"新"，也是生根于传统之中。

# 文化与诗学

# 涩泽龙彦的博物诗学：一种现象学诗学分析<sup>*</sup>

丁利荣<sup>**</sup>

**摘要：**涩泽龙彦（1928—1987）是日本现代著名小说家和评论家，偏好异色文学，有强烈的博物嗜好，写作风格独特，作品深受法国现象学家加斯东·巴什拉的影响，形成了其独特的博物诗学思想。本文主要通过与巴什拉《空间的诗学》的互文阅读，对涩泽龙彦博物诗学的特点进行分析。首先，"意象的形态学"是涩泽龙彦关注的兴趣所在，"意象"是指物与艺术中的形象，"形态"是指人的存在的样态；其次，在研究方法上，涩泽提出"形象思考和结晶嗜好"的观点，将形象的丰沛与存在的深度统一起来，这一方法突破了小与大、内与外的边界，在对物与形象的现象学分析中朝向一种完整的存在；最后，涩泽龙彦的批评与创作特色主要表现为思考的纹章学与唐草物语式的写作，可以说，唐草纹章是其在后形而上学时代关于物的形而上学的思考和书写。

**关键词：**涩泽龙彦　博物诗学　加斯东·巴什拉　现象学

诗学泛指文艺理论。传统意义上的诗学是建立在理性主义基础之上，新诗学是建立在存在论和现象学基础上的诗学。现象学诞生一百年

\* 本文系国家社科基金项目"宋代植物美学思想研究"（编号：19BZX131）阶段性成果。
\*\* 丁利荣，湖北大学文学院教授，博士生导师。

后，一种新诗学呼之欲出，其实与新诗学相关的创作、批评与艺术实践早已经出现了，但要形成一种自觉的诗学体系依然是一个值得研究的理论问题。新诗学表现在美学和艺术观上，如尼采认为美和艺术是权力意志的直接表达，海德格尔认为艺术的本质是"存在者的真理自行设置入作品"[1]、美是存在之真理的显现方式；表现在对文学的定义上，如里尔克所言"诗不再是诗意的抒写，而是存在的基本方式"[2]。现象学作为一种方法论体现在各种不同的研究领域，现象学诗学也存在着不同的面相。这里所指的博物诗学是建立在存在论和现象学方法上的诗学观，是一种关于物的形象的现象学式的创作与批评理论。

涩泽龙彦是日本文化学者和作家，主要研究法国文学，被称为日本现代幻想文学旗手和"暗黑美学大师"，著有《恶魔幻影志》（1961）、《毒药手帖》《黑魔法手帖》《秘密结社手帖》三部曲（1962—1963）、《梦的宇宙志》（1964）、《幻想博物志》（1975）、《胡桃中的世界》（1974）、《思考的纹章学》（1977）、《极乐鸟与蜗牛》（1978年左右）、《唐草物语》（1980）、《巴比伦空中花园》（1971—1986）、《花逍遥》（1984—1986）等著作。自20世纪70年代后期涩泽的研究从之前朝向欧洲的目光开始转向日本，并开始从博物志风格的随笔转向其后的短篇虚构小说的创作，其中以《唐草物语》为其虚构小说的代表作。

涩泽龙彦的研究与创作大概分为三个阶段，前期更多关注恶魔、毒药、黑魔法、情色、奇幻等异色的主题，这也为其赢得了"暗黑美学大师"的称号；中期在关注异色世界的基础上，其现象学风格日益明确，其中《梦的宇宙志》《胡桃中的世界》《思考的纹章学》对作者来说"是

---

1　海德格尔：《林中路》，孙周兴，译，上海译文出版社，2004年，第21页。

2　程抱一：《与友人谈里尔克》，人民文学出版社，2012年，第1页。

最有感情的一个系列"[1]，代表其诗学思想的形成。在《梦的宇宙志》中涩泽找到了自己的写作风格，即在物的遐想中对物的形象进行存在论层面的分析；后期，在延续这一风格的基础上，博物学色彩更加浓厚，如《极乐鸟与蜗牛》《唐草物语》《巴比伦空中花园》等，表现为对植物、动物、无机物及其他物的存在的一种诗学分析。

虽然三个阶段其创作风格存在变化，但都体现出共同的特点，即博物的视野、想象力的诗学、对灵魂和存在主题的关注，尤其对法国新诗学与新科学的现象学家加斯东·巴什拉、博物学家普林尼等的大量引用，更凸显其现象学博物诗学的特点。涩泽谈到他在读荣格、加斯东·巴什拉、巴特鲁萨伊蒂斯等意象主义大家的著作时，会被感动得身心震颤。[2]他也明确说到自己在巴什拉、荣格、巴特鲁萨伊蒂斯等人的影响下，深入欧洲典籍并流连忘返[3]。可见，涩泽深受现象学方法的影响之深。笔者在偶然的阅读中也强烈感受到涩泽与巴什拉的文本常有相互交织和共振之处，从而感受到一种阅读的惊喜，"沉醉于幸福阅读之中"，获得一种"阅读的现象学的力量"[4]，因此本文主要从巴什拉现象学诗学角度对涩泽龙彦博物志式的创作与批评特色进行分析。

## 一、"意象的形态学"：异色世界的现象学遐想

涩泽龙彦对具体的物与文学艺术中的形象，如绘画中的图像很敏感，尤其有一种对异色形象的迷恋，其作品充满奇思异想，同时有一种对精

---

1 涩泽龙彦：《梦的宇宙志》，蕾克，译，广西师范大学出版社，2019年，第249页。
2 同上，第246页。
3 涩泽龙彦：《胡桃中的世界》，焦阳，译，中国友谊出版公司，2022年，第282页。
4 加斯东·巴什拉：《空间的诗学》，张逸婧，译，上海译文出版社，2013年，第13页。

神考古与存在本真的关注。其写作风格偏爱直接的意象分析，涩泽称其为"意象的形态学"[1]。"根据视觉所见的形象进行思考，是我从小就喜欢的思考方式。我甚至觉得，如果用其他方式，我根本没办法去陈述表达。用感性表达知性，用肉体表现精神性——这是我的表达观，是我的道德准则"[2]。可见，"意象"是指感性具象之物，其早期的意象更多是关注文学艺术作品中的某类形象，后期更多是关注植物、动物、无机物和器物的形象。但涩泽对意象进行一种现象学意义上的分析，它敞开了人的存在的冲动、欲望与真理，是一种精神的现象学，而不是在理性中心主义话语体系中所规定的意象。"形态"是指其所关注的人的灵魂的形态。他认为："人的小宇宙，是由动物的感觉、植物的魂魄和天使的知性凝聚而成的。""人处于自然和精神之间的暧昧境界里，可以说人有变形的可能性，上自天使，下至动物，人能变形成为所有的存在。"[3]以此来说明"人的变形问题"，可见其形态指的是人的灵魂呈现的样态。简单来说意象的形态学是将物（或文学）的形象与存在直接联结起来，巴什拉称其为"物的遐想"，并将这种对物的精神分析称为"灵魂的现象学"[4]，"当形象在意识中浮现，作为心灵、灵魂、人的存在的直接产物，在它的现实性中被把握"[5]，即形象作为灵魂的存在直接在现实中被把握。

"意象的形态学"体现了对物的想象力和灵魂的精神分析的特点，物的遐想与灵魂的现象学正是涩泽关注的两个主题。涩泽在其作品和日常生活中都有一种对某类艺术形象或物的收集狂式的癖好。其早期关注的

---

1　涩泽龙彦:《梦的宇宙志》，蕾克，译，广西师范大学出版社，2019年，第246页。

2　同上，第246页。

3　同上，第245页。

4　加斯东·巴什拉:《空间的诗学》，张逸婧，译，上海译文出版社，2013年，第6页。

5　同上，第3页。

是暗黑系列，如恶魔、毒药及黑魔法之类的形象。如《恶魔形象的起源》中以恶魔形象入手，通过一种知识考古的谱系式的梳理，对恶魔形象的存在根源进行分析，由此对人类的恐惧情感进行溯源，正如人文主义地理学家段义孚在《恐惧景观》一书中对恐惧情感产生的现象学分析一样，二者都是从人的存在的角度所做的分析。"从现象学的角度来说，恶魔性事物是'表现为纯粹攻击性的非存在'。如果现实主义与规范性的美代表存在，那么对于存在之正统性的无限否定则不啻为来自虚无领域的诱惑"[1]。也就是说恶魔艺术是从人类内心里发出的对秩序的质疑、反判与破坏，是对存在中否定性的、恶的一面的表现。从存在与虚无的角度而言，恶魔代表着一种否定的、虚无的力量和诱惑。"如此看来，恶魔是人类虚无的外化，是与人类亲密无间的'第二自我'"[2]。虚无的外化让人能够在自身之外重新发现自己存在的另一面，这是恶魔艺术的魅力所在，也是涩泽对恶魔形象进行的灵魂现象学的分析。

"意象的形态学"探讨某类形象存在的现象学价值，同一类形象中存在着相同的精神谱系，无论时空变化，都以相似的面目出现在世人面前。如同宗教题材的"佛陀的诱惑"与"圣安东尼的诱惑"，画家借宗教题材画出了隐藏在宗教主题之下的诱惑图景，主题终归只是手段，画家倾注心力真正要表现的是恐怖与爱欲的魅力，以及圣人如何成就自身的神圣性的过程。[3]涩泽所关注的异色文学中灵魂的现象学正是从这一层面上去阐释，恶魔诱惑实则是人类灵魂深处涌动的非理性力量的幻影。涩泽龙彦认为恶魔的身体与萨特小说《恶心》中引发罗冈丹呕吐感的树根是

---

1　涩泽龙彦：《恶魔幻影志》，王子豪，译，中国友谊出版公司，2021年，第136页。

2　同上，第138页。

3　同上，第140页。

一种相似物质[1]，充分可见涩泽对存在主义思想的共鸣。

涩泽对异色文化的兴趣恰恰是被节制和秩序的古典主义理想所边缘化的存在。对于这种猎奇的收藏癖，如对外观奇异的植物根茎、畸形动物等的分析，段义孚在《制造宠物》中也分析过。所不同的是涩泽不只是在权力、财富的欲望和对艺术的爱好层面来分析，而且通过观察怪异之物，把心思投注于超自然的奥秘，拥有一种近乎执拗的纯粹，不只出于对神秘事物和惊人现象的好奇心，还有一种对知识新疆界的拓展，一种对无限性的好奇与探寻，这是人性中的一种本能的形上冲动。

对怪异奇幻之物的兴趣和执念是为了发现存在的另一个维度。在这个世界里科学、魔法与艺术共存，宇宙的、自然的、人性的奥秘中"非理性事物应该与理性事物浑然一体"[2]。常轨与越轨，既是艺术发展过程的体现，也是逻辑上并行存在的两种不同样态。"艺术命中注定要越出艺术的常轨，这一点应该花更多篇幅去讨论。但我更要强调的是，越轨的契机，是评论和批判，也是情色主义"[3]。"艺术中的情色，是潜藏在古典主义内部的破坏性毒素"[4]。这也是在古典主义与矫饰主义（介于古典主义与巴洛克风格之间，偏重于夸张变形的表现方式）中，涩泽明显偏好于矫饰主义，其中最典型的是16世纪的神圣罗马帝国皇帝鲁道夫二世。鲁道夫二世有着对博物、魔法、炼金术等狂热的收集癖好，对物的泛性欲式的迷恋，同时也有对科学和艺术的浓厚兴趣。矫饰主义既延续了文艺复兴时对自然知识的好奇心，同时也有强烈的猎奇嗜好，呈现一种病态的另类气质。"科学与猎奇宿命般地被混同在一起了，这是北方独有的巴洛

---

1　涩泽龙彦：《恶魔幻影志》，王子豪，译，中国友谊出版公司，2021年，第146页。
2　涩泽龙彦：《梦的宇宙志》，蕾克，译，广西师范大学出版社，2019年，第38页。
3　同上，第67页。
4　同上，第69页。

克，这就是矫饰主义"[1]。

这种独特的视角使涩泽对李约瑟在《中国科学技术史》中将宋徽宗与鲁道夫二世做比较的内容极为有兴趣，他认为两位皇帝的相似之处"在于二人都有对珍禽异兽的收集及对博物学的关心"[2]。当然创作于后期的《极乐鸟与蜗牛》中的对宋徽宗的写作则更显轻盈，偏于描述，少了浓墨重彩的深层理论分析，在此前《梦的宇宙志》中对鲁道夫二世的分析则较为着力，辨析深刻。不可否认，这为我们认识宋徽宗提供了一种不同的博物诗学的视角。

"意象形态学"是一种关于存在的想象力的诗学，正如我们无法通过纯粹的逻辑来寻找世界图景的普遍规律，逻辑之外，还需要一种直觉力和想象力。形象以直达身体和心灵的方式，重新激活每一物的原始双重性，所以想象力的诗学不是认识论的诗学，它遵循存在自身的逻辑。巴什拉在完成对火[3]、土[4]、水[5]等物质元素的想象力诗学之后，又完成了《空间的诗学》，即是关于空间的想象力的诗学，这里谈的空间主要是令人喜爱的空间和场所，即家宅的形象，而没有谈到敌意、恶意的空间和斗争的空间。人文主义地理学家段义孚也是在地理诗学的角度上对另外的空间诗学进行了分析，如对恐惧景观、崇高景观的分析，体现了现象学诗学的不同维度，也是存在的不同样态的反映。

涩泽龙彦的特色在于博物现象学，尤其是一种关于异色世界的博物嗜好，如通过对非主流的恶魔、毒药、诱惑、情色、末日等艺术形象和

---

1　涩泽龙彦：《梦的宇宙志》，蕾克，译，广西师范大学出版社，2019年，第31页。

2　涩泽龙彦：《极乐鸟与蜗牛》，黄怡轶，译，湖南文艺出版社，2020年，第135页。

3　加斯东·巴什拉：《火的精神分析》，顾嘉琛，译，商务印书馆，2019年。

4　加斯东·巴什拉：《土地与憩息的遐想——论内在性形象》，冬一，译，商务印书馆，2022年。

5　加斯东·巴什拉：《水与梦——论物质的想象》，顾嘉琛，译，商务印书馆，2019年。

自然物的收集，以期对人的存在世界进行勘探，属于一种灵魂现象学的探讨。涩泽的博物兴趣与中世纪的博物兴趣有所不同，当时的"博物学的工作只不过是满足人们对神秘的共通嗜好，并收集某类传说。对于这个时代嗜好神秘的精神来说，博物学就是宗教或世俗道德和教谕的源泉。博物学的工作就是通过自然界的各种事物，确证这一唯一的精神源泉所产出的神秘"[1]，也就是说前科学时代的博物学是上帝存在的象征与证明，从物中洞察神的教诲。比如同样是胡桃，中世纪修道士的想象会把胡桃当成基督的形象，正如修道士眼中的玫瑰、宝石、鸽子都是上帝灵魂的象征。现象学下的博物学也不同于科学时代理性主义下的保护、认识或观赏，而是将物的世界与人的存在联结在一起，也就是说博物现象学所指向的是对存在本真的探求。

## 二、"形象思考和结晶嗜好"：共鸣与回响

现象学诗学中，形象召唤存在的丰富性和真理性。现象学诗学的分析方法中，共鸣与回响是两个重要的层面。共鸣可以说是同类形象的相遇或形象的纽结，一个形象也可以暗含或交织着许多同类的形象，"现象学者与书中沉睡的千百个形象相逢时，能够唤醒他的诗的意识。他对诗的形象产生了回响"[2]。如在巴什拉对鸟巢的分析中，把鸟巢的形象和不同物类巢穴及人的家宅和城市联系起来，形象的纽结之处是一种共鸣，这种共鸣中回响着灵魂深处最初的梦想，即家与庇护的梦想。"共鸣散布于我们在世生活的各个方面，而回响召唤我们深入自己的生存"。如果说

---

1　加斯东·巴什拉：《空间的诗学》，张逸婧，译，上海译文出版社，2013年，第146页。

2　加斯东·巴什拉：《梦想的诗学》，刘自强，译，生活·读书·新知三联书店，2017年，第10页。

共鸣是形象在不同时空中的共振，反映了诗的丰沛，那么回响则是自内在的存在的梦想而发出的一束光，反映了诗的深度，深入到我们自己最内在最真实的灵魂生活。可以说回响是存在的共鸣，共鸣的多样性来自存在的统一性。"诗的丰沛和深度总是共鸣和回响这对同源异义词的现象，仿佛诗以其丰沛在我们心中重新激发了层层深度。为了思考诗的心理学行为，就应该沿着现象学分析的两个方向，朝向精神的丰沛和灵魂的深度"[1]。

诗人因其纯真与诗性，在对形象的体悟上，更能让形象敞开存在的真面目，从而重获新生，唤起读者灵魂的回响。如诗人所言"鸟巢是一束歌唱的绿叶。它是植物的安宁世界的一部分。它是一片大树所形成的幸福氛围中的一点。'我梦见一个鸟巢，里面的树木驱走了死亡'"[2]。鸟巢的形象从存在最初的源头那里触动、唤醒我们，也让人类得到庇护的安宁。鸟巢的形状是由内部决定的，是鸟用自己的身体塑造而成的空间，决定外在形状的是它们自己的身体，"这里的一切都是发自内部的推力，以身体来支配的内心空间。鸟巢是一个膨胀的果实，它挤压着自己的边界"[3]。它来自我们保护身体的梦想，最贴身的保护、最适合自己身体的保护，一种自足的梦想。由此来看鸟巢的形象从它们的源头开始就是与人性相通的。鸟巢的梦想是关于安全的梦想，人对于鸟巢的梦想是人关于让人安全、值得信赖的家宅的梦想，这即是关于家宅的现象学的想象。鸟巢对于鸟来说是一个自足的世界，现象学对鸟巢的分析是一个具象的微观的分析，它同时也可以是一个凝宿的大宇宙和膨胀的小宇宙，这就是涩泽龙彦的《梦的宇宙志》中形成的一种主题与方法，即是"形象思

---

1　加斯东·巴什拉:《空间的诗学》，张逸婧，译，上海译文出版社，2013年，第111页。

2　同上，第111页。

3　同上，第109页。

考和结晶嗜好"[1]。这种大与小的辩证法正如《庄子·天下》中所说"至大无外，谓之大一，至小无内，谓之小一"[2]，大是道的别名，小也是道的别名，大小之辨，道通为一，从内在的存在来看，具足一切。

由小而大，是同时回到原初的起源，绽放的同时也是回归，具象微观的分析同时也是一个关于宇宙空间的伟大的梦想，如巴什拉所说"诗的梦是一种宇宙的梦想"[3]，涩泽称之为"梦的宇宙志"，均是体现了一种微观的现象学的分析方法。在巴什拉和涩泽龙彦那里，贝壳是现象学文献关注的重要对象，关于贝壳的形态学是两人共同感兴趣的话题之一，从小贝壳中"做着一个宇宙空间的伟大梦想"[4]。他们的作品中经常会提到相同的作家，如伯纳德·帕利西（法国作家、学者，1510—1590）、瓦莱里（法国作家、诗人、哲学家，1871—1945）、巴特鲁萨蒂伊斯（立陶宛象征主义诗人，1873—1944）等都对贝壳产生迷恋，其中帕利西对贝壳的自足的小宇宙的分析及其设计的贝壳城二人都曾大段引用，在涩泽不同时期的创作中也从博物收集的角度多次提到贝壳，这种文本的交错与形象的纽结体现着一种共鸣与回响。

与贝壳学家关注其分类、艺术家关注其外在的美丽不同，现象学家关注到了贝壳的现象学意义，其思考的方向是生命自内向外的构形过程，注重其原初的创造、生长、延续的生命过程及其向灵魂的意义的生长与升华。贝壳学家、艺术家、现象学家都感触于贝壳螺纹令人惊奇的几何学形式，但其思考却走向了不同的方向。贝壳的现象学价值是唤起关于生命的庇护与栖息的想象，这使得贝壳形象成为一个初始形象。其所关

1  涩泽龙彦：《胡桃中的世界》，焦阳，译，中国友谊出版公司，2022年，第279页。

2  陈鼓应：《庄子今注今译》，中华书局，2001年，第887页。

3  加斯东·巴什拉：《梦想的诗学》，刘自强，译，生活·读书·新知三联书店，2017年，第18页。

4  加斯东·巴什拉：《空间的诗学》，张逸婧，译，上海译文出版社，2013年，第156页。

注的是形象如何成为灵魂的居所，"大的东西从小的东西里面出来，这是缩影的能力之一"[1]。一只用自己的唾液建造家宅和要塞的幼小蜗牛给人类带来无尽的梦想，设计的灵感、建筑的梦想和安静与休息的存在的梦想，似乎在低等生物的身上有着更接近生命根源的存在本质，涩泽在他的博物兴趣中有一种"想要拥有世界的雏形"的欲望，这正是对存在的完整性的思考和向往。

　　"形象的思考与结晶嗜好"正是通过共鸣与回响这一现象学的方法得以体现。中国古代诗学中，"兴于诗"中"兴"的思维方式本质上也是一种现象学的思维方式，它不是一种逻辑推理和知识考察，而是在存在基础上的一种想象力的飞跃，孔子对绘事后素的体悟，即由"绘事后素"到"礼后乎"，其内在连接正是一种存在的共鸣和回响。"《诗》三百，一言以蔽之曰，思无邪"中的"无邪"，根据上下文语境可以理解为诗三百有无尽之意，能给人无尽的审美愉悦和思想启迪。日本美学家今道友信阐发了这一点，他认为"这里所说的'思无邪'，就是思索不能倾斜，即思索的正直上升，根据定义把思考的方向确定之后，就必须以诗把这种正直的意向继续下来"[2]。"研究诗的艺术，是要超越概念的领域，是要向那种存在进行精神上的飞跃，是这种工作的练习。一首诗是一个独立的世界，是一个小的宇宙，自开始到终了都包括在它的本身里，对诗的内在的基本的了解是了解世界的缩影，就是说，了解本身具有开始和目的的诗的作品，就是了解和认识神（作为根据的）的世界的雏形"[3]。今道友信从现象学的角度阐释了读诗的方法与方向，"对孔子来说，诗艺

---

1　加斯东·巴什拉：《空间的诗学》，张逸婧，译，上海译文出版社，2013年，第138页。
2　今道友信：《东方的美学》，蒋寅等，译，林焕平，校，生活·读书·新知三联书店，1991年，第94页。
3　同上，第94-95页。

术是走向存在的精神上的超越的第一阶段，它可以突破论理学的界限把精神引向更高的地方"[1]。今道友信指出了诗的形象和象征性语言所具有的升腾力量，能使人的精神超越可见事物的边界，超越概念的思考的局限，在存在的深度上进行拓展。诗的言说方式具有无限开放性和阐释空间，它是现实世界向垂直世界转义的载体，这正是现象学美学与哲学精神的生长之处。

在对形象的现象学分析中，涩泽龙彦和巴什拉正是要打破微观与宏观、内与外、大与小的边界，拓宽形象的价值，丰富形象的内涵，从而走向"圆的现象学"[2]。关于存在的圆的现象学文献的收集，巴什拉谈到很多，诸如玫瑰、树、鸟等，每一个此在本身看起来都是圆的。《圆的现象学》一章中，巴什拉引用拉·封丹的一句话："一颗胡桃把我变得滚圆。"[3]涩泽则有一部代表作《胡桃中的世界》，书中探讨的大小的相对性、嵌套主题（如"格列佛情结"），在《空间的诗学》也有关于空间的小大颠倒、内外视角的翻转的讨论，两部著作完全可以交织在一起，互文对读，在现象学文献、存在的主题与思维方式和表达方式上遥相呼应，清晰可见现象学方向，即朝向完整与圆满的存在的方向。

在巴什拉那里，现象学方法最终是要趋向存在的圆满具足之境，这是存在要达到的自身圆满的方向。如同里尔克的玫瑰：以玫瑰象征整体的存在，里尔克将整体的存在称为"大开"的世界，"像玫瑰一样充满自身"。玫瑰象征层出不穷的欲望，穿过"启放"与"包收"的互参，在

---

1　今道友信：《东方的美学》，蒋寅等，译，林焕平，校，生活·读书·新知三联书店，1991年，第96页。

2　加斯东·巴什拉：《空间的诗学》，张逸婧，译，上海译文出版社，2013年，第301页。

3　同上，第302页。

精神的空间里，达到完整的存在。[1] 灵魂可以在一朵玫瑰花中安放。诗人在语词与形象的背后传达的是内心的世界，是自己存在的回声。玫瑰是一种现象学的形象表达，它是存在的内核，是一种微观具象的形象的结晶，但在这种微观之中，实现了微小与广阔、有限与无限、收缩与膨胀的连接和统一，既充满自身，又弥漫宇宙。巴什拉引用波德莱尔的一句话"在灵魂的某些超自然状态中，生命的深度在我们眼前的景象中完全显现出来，虽然是那样平常。景象成为了生命深度的象征"，并认为正是这个文本指明了我们要努力前行的现象学方向。[2]

而对涩泽龙彦来说，"情色主义的问题、性学问题和末日论，都可以解释成一种观念的圆形运动"[3]。在《关于雌雄双性体》一文中他提到："生物历史里性的出现，是二元化世界的一个形态。性之所以发生分离，是因为在未分离的状态时，已有潜在分歧。而正因为分离，才产生再度合一的意愿。分离和合一的欲望，始终烙刻在性上。性，是想要重新合一的那个分离，是寻求再度圆满的那个欠缺，这样的性，原本和繁殖功能毫无关系。性，是这个世界的物理法则，是普遍存在的爱的形而上学法则。"[4] 万物都有回归原初单一性、完整性的倾向。涩泽在对另类艺术形象的收集癖好中，如在中世纪严格的信仰背后那些奇怪而倒错的女性崇拜和晦暗神秘的情色主义中发现历史幽微处闪烁着的点点磷光，以窥见趋向整体存在的内在欲望与冲动。

1　程抱一：《与友人谈里尔克》，人民文学出版社，2012年，第6-7页。
2　加斯东·巴什拉：《空间的诗学》，张逸婧，译，上海译文出版社，2013年，第247页。
3　涩泽龙彦：《梦的宇宙志》，蕾克，译，广西师范大学出版社，2019年，第246页。
4　同上，第186-187页。

## 三、物的形而上学：思考的纹章与唐草物语

涩泽龙彦独特的审美趣味体现在他对异色文化的兴趣上，具体而言，主要表现在三个方面，即博物学嗜好、迷恋色情文学、追寻一种乌托邦主义。乌托邦主义正是通过其博物学与泛性论的分析体现了涩泽对终极性和无限性的追求，这种终极性在涩泽则呈现为一种观念的圆形运动，具体体现为思考的纹章学与唐草物语式的创作与批评特色。

涩泽的写作从对法国文化与文学的研究开始，后期转向日本，且从研究、批评走向短篇虚构小说的创作。现象学诗学在涩泽那里有一个重要的特色即他对物背后的形式（纹样）的兴趣。《胡桃中的世界》中《关于纹章》一文，谈到了涩泽对纹章学的理解。广义的纹章艺术在埃及、古希腊已经产生，即一种被设计出的动植物造型图式，西欧中世纪纹章学成为一种重要的文化现象，如王室纹章、个人徽章等，但涩泽对纹章的运用有他自己的癖好，认为纹章化是一种有恋物癖情结的纹章诗作者与展现恋物癖情结的静物画家们（动植物、蔬菜、乐器、时钟、贝壳乃至女性身体等）可能遵循着的同一种冲动，即都想将物体纹章化。他借用萨特评价热内的一段话："热内将主人公们和与之同化的动物、植物与事物精简，使其获得纹章学式的形象所拥有的那种坚硬感。"[1] 形象从物品本身的含义中精简，成为一种带有抽象性的纹章学式的形象。总之，纹章学式的关注在于"从物体转变到形象"的关注，即"物体的形象化和形象的物体化"[2]。这是其形象思考和结晶嗜好在批评与创作中的体现，同时也是涩泽的博物学兴趣及其独特的现象学方法的体现。

---

[1] 涩泽龙彦：《胡桃中的世界》，焦阳，译，中国友谊出版公司，2022年，第179页。

[2] 同上，第179-181页。

1.植物性的爱欲

《思考的纹章学》是一部文学评论集，涩泽龙彦给这本书起了法语名字BLASON DES PENSÉES，BLASON是纹章的意思，PENSÉES在法语中有"思想"和"三色堇"的意思，所以书名隐含着"三色堇的纹章学"之义。三色堇的花朵图案很像人的面孔，在法国的传说中，三色堇是一种可以激发爱的潜能的花，所以它兼有植物的爱欲与思想的双重含义，这正好与涩泽关于植物性的爱欲的批评思想相吻合。

评论集中《爱的植物学》这篇文章最能体现其关于植物的形象化和形象的植物化的思想，在人与植物性的欲望之间有一种换身或是一种内在的连接。这篇文章以植物性的爱来解读《换身物语》中人物之间的性与爱。从故事层面来看，小说中所讲的是男女性别换身，以及在这种换身之中所发生的混乱的性关系。从涩泽龙彦的解读来看，则可以理解为另一个层面的换身，即人与植物的换身，在一层层蜕去人类性格外衣之后，人呈现出的是植物的生命与本能，最终留下的是最为原始的本性，即植物性的爱欲。植物与动物相比具有独特的属性，如扎根于土地、无法移动、内部没有藏起感知苦痛与快乐的器官，也没有藏匿任何会使分类变得困难的秘密。植物不像动物呈现为独立的性别个体，大多数植物雌雄同体，如果按照人类的伦理道德秩序来看，植物的性无疑是开放的、混乱的。

今道友信曾说日本的美学观是植物塑造的，在对日本色情文化的理解上，涩泽龙彦又提供了深层的思考和另一种理解的角度。植根于人性中的植物本性是一种植物性生命的体现。涩泽谈到三位爱花的艺术家，奥斯卡·王尔德、普鲁斯特和让·热内，他们没有将花作为抒情诗的咏颂对象，而是将其作为自身爱欲的象征，以此表达对花的喜爱之情。他们正是在花的世界与感官世界遥相呼应，看到某种抽象的秩序，发现了感官世界的雏形。对此，我认为完全可以称为泛神论式的冲动。[1]显然，花的世界与人的感官世界中具有某种共同的抽象秩序，这显然突出了人与花在现象学意义上的内在连接关系。我们可以说是人的感官世界所具有的更加本能性的植物性灵魂，这种植物性灵魂处在理性中心的世界之外，它们在一种边缘地带，会通过独特的一群人体现。

涩泽的情色主义与其说是一种泛性论，毋宁说是在万物中存在着的一种想要完整的内在冲动。在《爱的植物学》中涩泽显然更注重植物型的作家类型，以及由此所体现的植物型的表现方式。如普鲁斯特在《所多玛和蛾摩拉》第一部中，将嗜好男色的夏吕斯老男爵和他年轻的爱人絮比安的关系与兰花和昆虫间的关系做了比较，被爱的年轻男子是兰花。涩泽龙彦将这一卓绝的对比与乔治·巴塔耶《花语》中的文字相联系，"诚然，有些花的雄蕊极为发达，呈现出不容置喙的优美。然而以同样普通的感觉观察，也会体会到某种恶魔般的优美。比如某种闪耀夺目的兰花便是如此，我们在这种妖冶的植物身上，无法不感受到最为颓废的人类般的倒错。比起器官的污浊，花冠的脆弱更为这种花平添了一分羸弱之感"。如同在兰花周围飞舞的昆虫，《追忆似水年华》的主人公才第一次意识到老男爵隐藏的真实身份。"普鲁斯特属于将人类社会视为植物群的作家类型"[2]，这种最原始的爱欲，普鲁斯特将其唤作植物的生命。[3]

除了普鲁斯特之外，让小说中的登场人物拥有近似植物的生命的作家还有谷崎润一郎、法国作家拉克洛（著有《危险关系》）等。通俗的恋爱小说一般是将男女三角关系反复作为主题，这是一种常见的人性中出现的问题，可以由常识性心理学加以理解，而复杂的四角关系或五角、

---

1　涩泽龙彦：《巴比伦的空中花园》，袁璟，译，湖南文艺出版社，2020年，第17页。
2　涩泽龙彦：《思考的纹章学》，刘佳宁，译，广西师范大学出版社，2022年，第206页。
3　同上，第207页。

多角的性关系，则超乎我们的想象，有点类似于乱交，而这些不过是植物性的生命。植物性，人类情感极端地抽象化。这种基于植物群的作家类型的分类与加斯东·巴什拉对四大元素的想象力的分类分析具有极大的相似性，即关于物的灵魂的现象学的分析方法。

2.观念的圆形运动

在《思考的纹章学》后记中，涩泽谈道："我期待我的思考随着笔杆一同运动，能在抽象的虚空中绘出一个形体。就如同内部设有镜子的玩具万花筒，思考的轨迹千变万化，我期待能够绘出无益、无责任感又美丽的纹章。"[1] 他的虚构性短篇小说《唐草物语》（1981年）就体现了这一创作理念，小说以历史上十二位著名人物的故事为蓝本，用自己独特的奇幻风格重加演绎，创作出来的十二篇作品，借以绘出美丽的纹章，实现从"形象化的过程里诞生了概念"[2]。

"唐草"一般指在中国的唐代形成并流行的植物纹样。在汉魏卷云纹的基础上，经过西域传来的忍冬纹的浸润，终于在隋唐形成了占据主导地位的植物花草纹样。唐草纹样一方面通过对现实花草提炼改造，同时，不断吸收石榴、葡萄等外来的图案造型和表现技法，形成雍容大度、自由生动的装饰风格。唐草纹样枝叶交错、绵延不绝，是一种极具魔性的花纹。唐草与阿拉伯纹样是有区别的，与唐草的卷纹相比阿拉伯纹样更具几何性。对此，涩泽并未做出区别，在《唐草物语》的后记中，他引用波德莱尔所言：所有纹样中，阿拉伯花纹是最具概念性的。不必说，阿拉伯花纹就是指唐草。[3] 对穆斯林来说，阿拉伯花纹所代表的是在可见的物质世界之外存在着的无限的存在，同时也象征着无限的、充塞寰宇

---

1　涩泽龙彦：《思考的纹章学》，刘佳宁，译，广西师范大学出版社，2022年，第217页。

2　涩泽龙彦：《梦的宇宙志》，蕾克，译，广西师范大学出版社，2019年，第246页。

3　涩泽龙彦：《唐草物语》，林青，译，广西师范大学出版社，2021年，第249页。

的创造属性。《唐草物语》可以理解成一种物的乌托邦和形上冲动，即纹样的物化（或形象化）或物（形象）背后的纹样化。

"观念的圆形运动"是一种在最具概念性的阿拉伯纹样中创造出探寻神明的旋转舞姿，而这种旋转的舞姿是一种无限回归的环形构造。圆形运动似乎是永恒的存在之谜，"所有创造者都是其他创造者的被创造物，即便是第一原因，也无法逃出无限回归的法则"[1]，所有原因都是其结果之结果。如博尔赫斯的《环形废墟》，做梦的人凭自己梦之力将另一个人的存在导入这个世界，而在故事的结尾却发现自己也不过是他人梦中的幻影，这种环形构造和套盒结构也是一种纹样的体现。原因和结果如同镜像，向着无限的过去无限地连接，如自己前世的前前世，无止无境。命运往往呈现出预兆之形，在其后来实现时与预兆有一种应合、照应。魅惑于几何学式的迷宫世界，寻找一种相照应的形象，这是涩泽在创作中所追求的一种观念的圆形运动。

在涩泽的创作中，观念的圆形运动主要通过博物志式的写作切入。博物的兴趣背后是对无限存在之谜的沉浸，通过层层的剥离，探求另一种真实，正如阿拉伯式花纹中有神秘、有理性、有艺术与美，抽象的纹样体现了作者对形而上的迷恋。如《鸟与少女》《死与火山》《三个骷髅》等多篇文章中，在博物、奇闻、奇幻的纪实与虚构的交织中，有对世界秩序中存在的结构的好奇、惊异与赞叹。

"物语"本是日本的一种文学体裁，意为故事、传说等，日本自古有物神论的神话传说，涩泽在日本的物语与物神论的基础上，重新思考物的存在意义，或者说对物之灵的思考。涩泽笔下的物语与物神呈现出一种新的面目，他称自己是"喜欢将人类文化的历史视作一种博物志式

---

1　涩泽龙彦:《思考的纹章学》，刘佳宁，译，广西师范大学出版社，2022年，第188页。

的连续的人"[1]。《付丧神》中提到日本付丧神的妖怪传说概念，指器物经百年，得化为精灵，变为妖怪。这种成了精的器物，在日本的妖怪文化里叫作"付丧神"。涩泽将物神现象称为"fetish"。fetish源自葡萄牙语，有恋物癖的意思，涩泽所援引的是"被注以生命的物体"一义[2]，正如动画"animation"语源上是赋予物体以生命之意，"anima"拉丁语原意就是指生命之气，也即是对生命灵魂的探讨。

由此，涩泽的《唐草物语》可以理解为他关于物的形而上学的思考，在理性的形而上学坍塌后对物之灵的思考与呈现，从物中召唤出栖居于物体内部的灵魂，令物与人的世界生动起来，这可以说是后形而上学时代的另一种形而上学。

## 结　语

涩泽龙彦以研究和翻译萨德文学成名，以暗黑美学和异色文学的写作著称，其非主流的癖好在日本亦颇受争议，他也曾遭遇到与他最初的研究对象萨德、波德莱尔、王尔德等相似的命运，因触碰伦理或审美禁忌而受到质疑与挑战。近年来我国翻译了一系列涩泽龙彦的作品，多流行于小众亚文化圈，学界对其研究很少。涩泽作品以奇幻的想象力给读者带来惊异与快感的同时也启人深思，尤其在存在论思想与现象学方法的语境之下，具有重要的理论意义。我们可称其为"来自异乡的存在诗人"，"异乡"指他所关注的独特领域，"存在"指他关注的真正方向，是对人类存在本质的探索，"诗人"则指他的思考方法是具象的、富有想

1　涩泽龙彦：《思考的纹章学》，刘佳宁，译，广西师范大学出版社，2022年，第80页。
2　同上，第83页。

象力和超越性的。他的作品是由物和艺术的形象所启发的思考，是物与灵魂之恋，从形象的分析中敞开一条被遮蔽的存在之路，最终是为了朝向一种本真的存在。当然，其研究未必是彻底的，但这方面的思考却值得我们继续行进。

# "凤凰"与"恐龙"：论欧阳江河写作的"考古／博物"诗学[*]

王书婷[**]

**摘要：**"语源考古"与"器物漫游"是诗人欧阳江河在近四十年，尤其是21世纪以来诗歌写作中的核心诗学观念与手法。这种"考古／博物"诗学并非仅仅体现在修辞学的领域，而更多地体现在语言、文化、多种艺术形式乃至不同学科门类的"互文"与"跨界"。诗人以"考古"与"博物"为桥梁，梳理历史与文化记忆，综观时代与现实因素，进一步直面灾难、瘟疫、生态、科技前沿等"后人类世"题旨，并由此铸成其诗歌写作的特质以及雄心——具备厚重的现实"在场感"，以其史诗意味的"知识写作"来应对文明史发展的整体性、有机性和演化性。

**关键词：** 欧阳江河　知识写作　互文　考古诗学　博物诗学

---

\* 本文系国家社科基金项目"博物诗学视野下的现代汉诗文体研究"（编号：20BZW134）阶段性成果。

\*\* 王书婷，华中科技大学人文学院教授。

## 一、"凤凰"与"恐龙"的并置：
## 一种"深度/考古时间"

"一分钟的凤凰，有两分钟是恐龙"，这是欧阳江河2012年写作的长诗《凤凰》中的一句。针对《凤凰》文本，笔者在2020年发表的一篇学术论文《两个"凤凰"，一种"新的现实主义"》[1]中，指出欧阳江河的长诗《凤凰》与艺术家徐冰的大型装置艺术《凤凰》一起，成为一种诗艺互文的、21世纪第一个十年的现象级文艺现象，而他们共同的主旨是：用"史诗"思维、"博物"诗学、"博艺"手法、"乡愁"经验，建构对人类文明的总体性把握和思考。本文则继续从《凤凰》出发，进一步探讨欧阳江河如何通过40年不间断的探索和自我突破，来建构其写作对当下现实乃至文明史观照的整体性、统一性和演化性的。

回到"一分钟的凤凰"与"两分钟的恐龙"这句诗。中信出版社2014年出版的《凤凰〈注释版〉》中，吴晓东对这句诗的注解是："欧阳江河认为凤凰的命名贯穿了中华帝国的历史，但美国人则对恐龙推崇备至。恐龙是失去时间性的物种，巨大、古老、超出时间，体现了没有文化记忆的历史。"[2]沿着这一思路继续前行，并结合这句诗的上一句连读："对表的正确方式是反时间／一分钟的凤凰，有两分钟是恐龙"，可以推理出欧阳江河写作的核心特质：建立在"深度时间"上的"考古／博物"诗学。

"深度时间"[3]是欧阳江河在20世纪90年代就提出的一个诗学概念：通过"倒置的望远镜"，如同西班牙超现实主义画家达利的那副著名画作

---

1　王书婷：《两个'凤凰'：一种"新的现实主义"——论欧阳江河与徐冰的"诗艺互文"文艺观》，《文学评论》，2020年第1期，第63-73页。

2　欧阳江河：《凤凰》(注释版)，中信出版社，2014年，第56页。

3　欧阳江河：《站在虚构这边》，四川文艺出版社，2018年，第180-184页。

《记忆的永恒》所描述的那样，看到时间的松弛、弯曲与环绕：

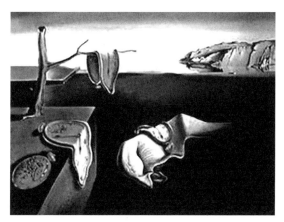

萨尔瓦多·达利《记忆的永恒》，1931，油画

　　这样的"深度时间"使在视线远方的时间反而更清晰，代表着某一类生存状态更接近于时间之谜，如同博尔赫斯笔下的"阿莱夫"式的微型宇宙。而这种生存状态的显现往往需要"从生存的现在时态退后到深透视的时间之中"[1]，亦即"深度时间"。而不管是达利画中近处卷曲的时间与远方无涯时间的对比，还是阿莱夫所隐喻的"时间谜底"，或是欧阳江河的"深度时间"，其背后的艺术与哲学逻辑都与博物学发展史中所揭示出的时间观念、宇宙观念息息相关。

　　而这也正是"凤凰"与"恐龙"并置所蕴含的时间之谜。首先，"凤凰"并不是自然界实存的物种，至少到目前为止，它被知识界认为是一种东方式的文化想象，一种伴随着东方文化史的成长而显形的"瑞应"之鸟。如《尔雅·释鸟》中郭璞的描述："瑞应鸟，鸡头，蛇颈，燕颔，

---

1　欧阳江河:《站在虚构这边》，四川文艺出版社，2018年，第184页。

龟背，鱼尾，五彩色，高六尺许。"[1]简言之，凤凰形象本身就是一种非实存的"跨类装置艺术"。它跨越上下五千年的飞翔代表着整部中华文化／文明史，是一场关于神话与现实，自然与社会，阶级、资本与劳动和艺术，"众人与个别人"如何在漫长历史中完成对"凤凰"以及"飞，是观念的重影"认知的名物之旅。这种"名物之旅"有时间（历史片段与进程）的因素，也有空间（博物、地理与现实环境）的因素，但很显然，这个上下五千年的时空是"已知认知"的时空。

但欧阳江河将"凤凰"与地球上已被证实是实存物种但如今业已灭绝并带来史前文明猜想的"恐龙"并置，其实在强调两种时间之间的悖论与统一——有限的时空与无尽的时间并置的"深度／考古时间"。

解释这两种时间，约略相当于解释在空间意义上更广泛的名物学的时间与在时间意义上更深邃的博物学的时间。

博物学是对自然界的观察、描述、分类与记录；带有东方色彩的博物学更确切地说是名物学，不止于自然而起于自然，强调以人文色彩的"赋物以名"和"名实相符"。显然"凤凰"所象征的是名物学的时空，也是相对于自然宇宙的"有限时空"。

而"恐龙"所代表的是博物学中的一个分支"生物／地质考古学"的时间。地质学和生物学意义上的考古学，其成为一门显学的时间较晚，大概在18世纪后叶至19世纪初，博物学史上的"地质学黄金时代"。其代表人物如詹姆斯·赫顿，他提出"地球的塑造"是漫长的由地心熔岩运动而"自然行动"的结果，对比前人提出的"水成论"（岩石由水流冲刷沉积而成），他提出了"火成论"，即岩石由火山岩浆喷发熔融而成；另一位代表人物是乔治·居维叶，他提出了"灾变论"，指出地球生态因

---

1　管锡华译注:《尔雅·释鸟》，中华书局，2014年，第616页。

大的气候或地址灾难而造成了环境的突变、古生物的灭绝与新物种的诞生。能够与这些相印证的是对古生物化石,尤其是恐龙化石的发现、挖掘与整理。譬如英国著名的"描述恐龙第一人"威廉·巴克兰,他命名了"恐龙"这一称谓;以及19世纪初英格兰南部的古生物学家玛丽·安宁,她发掘并拼出了第一条鱼龙化石。所有这些都指向一个经过化石挖掘实证而不可辩驳的事实:在西方,《圣经》中所提出的、六千年的西方人类文明史显然已被证明也是一段"有限认知时空",那些直指早侏罗纪特征的恐龙化石已将时间"反时间性"地"对表"到至少2亿年前。如同詹姆斯·赫顿在1795年所感叹的:"如今我们所进行的调查结果是,我们找不到开始的遗迹,也看不见结束的图景。"[1]这就是"恐龙"所象征的"无尽的时间"。

正是因为生物、地质考古学黄金时代的出现,博物学也随之进入了一个划时代的新科学时代——进化论的时代。从18世纪中叶的伊拉斯谟斯·达尔文(查尔斯·达尔文的祖父)开始,进化论开始了它作为一门理论的"开端和进化之路"。伊拉斯谟斯·达尔文的主要身份是医生,但同时是个"杂学家"——兼有科学家、发明家和诗人的创造性。他痴迷于各种机械装置。如利用旋转磁铁来驱动的蜘蛛模型、水平风车、简易抽水装置(以上为完成作品),以及一些图纸上的设想:利用空气压缩驱动原理的人造鸟、文件复印机等等,可以把他看成一个因医学知识从而在内心中并不坚信上帝是造物主的一个天才的"造物者"。伊拉斯谟斯·达尔文开辟了进化论的先河,他关于进化论的著作是两部"跨越18世纪的关于科学技术的诗意的论辩"[2]的长诗作品,分别为《植物园》

---

1 罗伯特·赫胥黎主编:《博物之旅》,王晨,译,商务印书馆,2019年,第205页。

2 罗伯特·赫胥黎主编:《伟大的博物学家》,王晨,译,商务印书馆,2015年,第178页。

和《动物生理学：或称有机生命的法则》，他的进化论观点主要是：自然是一场永无休止的争斗，而物种是变化和可变化的，杂交是其可能的途径，以更好地满足"性欲、饥饿与安全"三大生物需求。

与老达尔文几乎同时代的拉马克则以"获得性遗传"为理论基础进一步明确提出了"拉马克进化法则"：1.动物的器官"用进废退"；2.环境的影响造成自然的改变，而这些改变通过繁殖遗传到下一代。概括起来就是"时间和适宜的环境是自然用来创造万物的两个方法。时间是没有尽头的，所以万物一直处在它的处置之下"[1]。

接下来到了19世纪的查尔斯·达尔文，一个继承了他祖父的衣钵同时有着更"大号好奇心"的人，他不仅熟练掌握了博物学所必备的"观察、描述、分类、记录"的技巧，还有着强大的推理、批判力思维以及越洋地质考察的非凡体魄和能力，经过一场长达5年的环球旅行和博物考察，他的自然选择和物种演化的思想在他特有的逻辑论证和丰富的博物学数据基础上得以成形，并在发表后引起了整个科学界和思想界的巨大冲击波。在他的观点中与前面几位一致的是，"物种演变"是个极为漫长的过程，"时间"是无垠的。与达尔文观点互为印证的还有同时代的博物学家华莱士。

伴随着进化论的诞生和发展，本文前面提到的地质面貌和生物形态形成的三种方式：水成论、火成论、灾变论，也有了一个现代地质学意义上的、综合性的提法：均变论。在19世纪英国博物学家查尔斯·莱尔的《地质学原则》中，均变论探讨自然界在即使没有特殊的地壳运动或突发的灾难，目前仍在运行的、总的自然机制也会一直发挥其漫长的作

---

1　罗伯特·赫胥黎主编：《伟大的博物学家》，王晨，译，商务印书馆，2015年，第214页。

用，"现在是通向过去的一把钥匙"[1]。

很显然，虽然以上这些博物学家的"进化论"观点自身各有侧重，或有彼此矛盾之处，但探讨拉马克主义之"获得性遗传"与达尔文主义之"自然选择"的不同，或者批判"物种起源"学说对人类这一高级动物的进化过程尚缺乏关键环节的化石物证，相对于"进化论"这一被恩格斯称为19世纪三大最伟大的科学发现之一的重要性，那些是相对次要的。还在不停完善和进化的"进化论"，它的出现给这个世界带来最大的启发就是：打破宗教或神学的统治，对文明肇始的向前溯源的"没有尽头"的"考古以证"，以及对文明愿景向后推理的科学无界的"博物求实"。在梳理了这么多之后，博物学家们的博物—考古—再博物之路，俨然已是一部关于人类文明史的、在人文与科技之间不断回旋辩证的"史诗"，一部人类在注定是"有限认知时空"的文明跋涉中面对"无尽时间"的浩渺宇宙，既筚路蓝缕也不断开启山林的、艰难而壮丽的求索。

而这，也正是欧阳江河《凤凰》长诗所要表达的"对表的正确时间是反时间"的、"凤凰"与"恐龙"并置的"深度/考古时间"。进一步来说，欧阳江河在《凤凰》长诗中设置的"凤凰"与"恐龙"的对峙，是否只是修辞学意义上的"深度/考古时间"，还是明确意识到二者背后的名物学、考古学、博物学所包含的、复杂的文明演化理论及意义（这里的文明演化包含了科学、哲学与艺术），并以此来建构其诗歌写作中暗含的"考古/博物诗学"？欧阳江河是否有意识地跨越了人文和科学的价值两维，并携此两维进入到一个视听合一的、杂糅而有机的、对话"文明史"的诗歌艺术时空？

答案正在其理论和实践都特色鲜明的"知识写作"中。

---

1　罗伯特·赫胥黎主编：《博物之旅》，王晨，译，商务印书馆，2019年，第272页。

# 二、"语源考古"与"器物漫游"的
## 互文：知识写作的生成

作为"知识分子写作"诗歌阵营中的代表诗人之一，欧阳江河不管是诗歌理论还是创作实践上都有着格外清晰的个人风格与体系。在他的《长诗集》中，曾这样自觉而明确地阐述自己的诗歌观念：在长诗手卷中，弥漫着"器物漫游"和"语源考古"，通过这种"多少有些蛊惑的仪式感"去回应一个"大的问题"，显容一个"复杂的中国的现实"的"大对体"。[1]

首先，是欧阳江河在写作中贯穿始终的"词语（或语源）考古学"。早在1999年出版的诗论专著《站在虚构这边》中，他就多次提及了自己的"考古诗学"，并把它与米歇尔·福柯著名的"知识考古学"联系在一起，坦言自己深受其中的启发："用词与物这样的术语来确定知识的两极是福柯的一个发明，他所设计的考古学整个是一部视听档案。"[2] 福柯关于"知识考古学"的两部著作，一部是《词与物——人文科学的考古学》，一部是继之而来的《知识考古学》，这两部书共同考察了一个问题，即人在断裂的、非延续性的历史中何存、何为的问题。而其中很重要的一条考察路径就是博物学的发展历程，从亚里士多德时代到文艺复兴时代到近现代，博物学从原始的"分类与描述"到进一步科学化和生物学化乃至微生物化，其中的进化论也好，不断挖掘出来的"怪兽"（恐龙与不可名的古生物）与"化石"也好，不断提示着历史的短暂延续性和间歇断裂性的辩证存在，并同时引发人超越于"生物体"的"生命哲学"的深度思考。如同福柯在前言中一针见血地指出的，"如果图尔内

---

1　欧阳江河：《长诗集》，江苏凤凰文艺出版社，2017年，第405–407页。
2　欧阳江河：《站在虚构这边》，四川文艺出版社，2018年，第84页。

福、林耐、布丰的自然史（多译'博物学'，笔者注）能相关于自身以外其他的什么的话，那并非相关于生物学，并非相关于居维埃（多译'居维叶'，译者注）[1]的比较解剖学或达尔文的进化论，而是相关于博泽的普通语法，相关于劳或韦隆·德·福尔博耐或者杜尔哥那里发现的货币和财富的分析"[2]。考古学和博物学在18、19世纪的巨大进展带来相应实证科学体系的突破，引发了对语言、文化、哲学体系和对资本、财富分配等政治经济学体系认知的深刻改变。在此间过程中"知识"也成了不断被考古的一个过程，或者说"考古"成了不断更新知识的一个手段，所以福柯由此总结道："实际上，自然史（博物学）是与言辞理论交织在一起的"，"认识自然事实上就是在语言基础上建立一种真正的语言"，从而使生命获得"相对分类概念的自主性"[3]。

欧阳江河在福柯"知识考古学"的启发下建立了自己的"词与物的互文"写作机制，一种在诗歌尤其是长诗创作中"语源考古"与"器物漫游"的互文，不管是其知识分子写作理论的建构，还是其长达40年的创作实践。

理论建构上，早在1993年的那篇著名论文《本土气质、中年特征与知识分子身份》中，欧阳江河旗帜鲜明地申明了自己的"诗人中的知识分子身份"，其中"中年特征"指涉一种"秋天状态的"写作，"在词与物的广泛联系和精微考究之间转换不已""用回忆录的目光来看待现存事物""对时间法则的逆溯"，但放弃整体并不代表放弃了历史，而是在已知的片段历史中去寻求走向未来的"时间之谜"；在此基础之上，"本土

---

1 米歇尔·福柯：《词与物——人文科学的考古学》，莫伟民，译，上海三联书店，2016年，第9页。

2 同上，第9页。

3 同上，第169—170页。

气质"强调语言和现实的种种对位关系；最后前两者共同的目标是建构诗人的"知识分子身份"，去寻求在更为广阔的精神视野和历史参照中确立起来的"现实感"与"历史感"[1]，其旨归是前文所说的在"深度／考古"时间参照系中"阔视"与"熟虑"，并"为精神立法"。在《站在虚构这边》中，欧阳江河更明确地指出："写，是词与物的相互折叠，以及由此形成的命名与解命名的相互打开。"[2]

在进入新世纪的诗论和诗作中，欧阳江河进一步将以上诗学理念概括为关于"未来考古学"，"长诗写作将人类心智的追问与拷问，转换成关于未来的、但有关乎于当下的考古话语、衍生话语、中介话语"[3]。这很难不让人联想起詹姆逊的《未来考古学》，詹姆逊作为西方马克思主义科幻流派的代表探讨科幻小说中的"乌托邦欲望"，指出科学和政治在科幻小说中不是两个独立的主题，其真实的关系是："硬性的科幻内容就可以被揭示为社会政治性的内容，也就是乌托邦的内容。"[4]因此，关于未来的想象其实建基于对现实的"考古"，"我们突然发现，我们关于基本选择最富有活力的想象不过是我们自己的社会机遇和历史或主观情境的反映"[5]，"因此，任何新的形式上的解决都需要考虑晚期资本主义的历史原创性（它的自动化科技和全球化态势）和诸多重或'被分裂'的主体位置的过度负担的新主体性的出现"[6]。而欧阳江河与此相对应的诗学观点是：诗歌写作尤其是长诗写作与不同时代的对话声音和沉默构成多向对

---

1　欧阳江河：《站在虚构这边》，四川文艺出版社，2018年，第33-55页。

2　同上，第92页。

3　欧阳江河：《长诗集》，江苏凤凰文艺出版社，2017年，第396页。

4　弗里德里希·詹姆逊：《未来考古学——乌托邦欲望和其他科幻小说》，吴静，译，译林出版社，2014年，第522页。

5　同上，第281页。

6　同上，第285页。

应的复调关联，"长诗写作属于未来考古学范畴：写，不是搭建思想的高蹈的脚手架，而是向深处、向暗处挖掘"，而这种"考古学式写作"的"未来性质"，是"在未来的已逝之物中等待早先的将逝之物"[1]。

透过福柯"知识考古学"和詹姆逊"未来考古学"的或显或隐的影响，可以勾勒出一条欧阳江河40年诗学的"知识分子逻辑"：从最初的寻根、文化考古写作到市场经济思考写作、资本与艺术关系批评写作以及最近的后人类世科学、生态题材写作，体现出了其内在的一致性：追求史诗品格、熟谙诗艺互文手法、杂取百科知识熔为一炉、关注现实和当下并展望未来的思维模式。如何具体实践这种"知识/未来考古诗学"？欧阳江河建立了自己的"词与物的互文"写作模式。"一个当代诗人……处理与现代性、历史语域、中国特质及汉语性有关的主题和材料时"，需要"把诗学方案的设计、思想的设计、词与物关系的设计考虑进来"[2]，这涉及全球化背景下的现代化发展进程、复杂纷繁的历史文化背景、中国现实的物质性或曰在场性、汉语言文字蕴含的不可磨灭也未被穷尽的特性等等，"词与物的关系"正是一个阿基米德意义上的支点，撬动起一个既为现实中事物的多重价值性买单，又发出超越时空局限的"天问"的思维宇宙。

回顾欧阳江河40年的诗歌写作，也结实地印证了这一点。可以把欧阳江河的诗歌写作界定为四个时间节点：1979，1990，2010，2020，分为三个创作阶段：（1）1979—1993，欧阳江河个体写作史上的80年代，主要作品为以《悬棺》为代表的"文化考古/寻根"时期的诗歌写作和以《手枪》《玻璃工厂》《汉英之间》为代表的"语源考古""词物互文"诗

---

1 欧阳江河：《长诗集》，江苏凤凰文艺出版社，2017年，第414页。
2 欧阳江河：《站在虚构这边》，四川文艺出版社，2018年，第84页。

歌为代表；（2）1993—2008年，这是属于欧阳江河的"延长的90年代"，代表作品有《去雅典的鞋子》，长诗《雪》《泰姬陵之泪》等，这一段作品相对较少，可称为诗人的一个沉淀期，但也在向多文化多声部对话的一种"文明抱负"主题进行转化和加强；（3）从2011年的带有鲜明考古、博物、博艺色彩的《凤凰》开始，进入新的写作爆发期；一直到2020年创作的以新冠肺炎疫情、地球生态为主题的《庚子记》，涉及当下最新科学、技术、艺术、经济发展的各种元素进行"词与物"综合处理的《宿墨与量子男孩》《算法与佛法》等等，体现出更强烈的现实观照与"在场感""整体性""史诗品格"。

这里尤其要提到2020年的新冠肺炎疫情，相当于全球范围内生态系统经历了一次如同地质学家居维叶所说的"灾变"，由此引发的生态、环境、思想、科技、医学、社会秩序等各种震荡不可谓不剧烈。欧阳江河没有回避这个艰涩的主题，在他的《庚子记》《清明低语》《一次性口罩》中，读者读到这样的在一系列关于当下性、在地性、及物性同时又交织着整个人类关于瘟疫、灾难、死亡、存在的形而上哲思的词与物、史与思：病毒、基因、细菌、灰尘几乎是一种看不见的"微物"，但它却以"不见之微"在改变着地球乃至太空和宇宙这样的"巨物"；更不要谈生死、存在、创世与末世这样的文明史乃至史前的"博物"之史和其中的"演化"之思，以及涉及的"后人类世"话题。我们可以把这种"词与物的互文"更近一步推进到"名词与虚词的互文"：

中文教科书里的虚词暗物，尚未准备好肉身变形记

——《阿多尼斯来了》[1]

---

[1] 欧阳江河：《宿墨与量子男孩》，北京十月文艺出版社，2023年，第34页。

不妨读一下这样的句子吧：

死者为大

不比生前的一粒灰尘大

微物之小，足以概括天下之小。

登黄鹤楼的人，没听见白骨下雪。

雪落在茫茫白肺上如银矿在消融，

一个银匠，穿着雪人的生化服，

在干上帝的事：用雪花造币，

手心手背都是肺泡和矿渣。

……

《物种起源》的手稿从地摊消失了，

达尔文的鬼魂，出现在机器人的脑里。

……

AI人身上，指甲大小的硅片里，

会大尺度降下"突变的智慧"吗？

从中分解出的神经元树突，会不会

证实生命不归是一种函数式的递归？

要么许多东西加起来得到总和，

要么某些东西被拿走：剩下的是什么？

一百年前的回看月光，对于庚子年，

或许意味着斜杠的、卡秒般的精确。

……

那么，让汉语平息吧，天地大美

心静得能听见逝者：请将头上那片

铁打的天空，古陶器般轻放在地上。

——《庚子记》

2020年7月20日[1]

随着科技时代的加速发展，人类文明与生态越来越要求着人文艺术与科学技术的对话：一种知识融通、学科汇通的"整体文明／文化"时代正在降临于书面与现实，集体与个体都主动或被动地无法忽视且呼唤"智识"。总体而言，欧阳江河在诗歌文本中的具体实践，在40年的跨度中越来越清晰地表现为沿着词的考古学，展开"语源考古"与"器物漫游"文本中的叠加交织而成的"博词""博物""博艺"，在"深度／考古时间"中显影"观念的重影"，其实质是一种兼具人文、艺术、科学、历史的"考古／博物诗学"，将20、21世纪文学艺术的基本纹理与洞察科学进程的真相结合在一起，从而"能在一事物中包藏众多事物，能使一个瞬间演变成无穷瞬间的多重理解"，进化论也好，"改写了科学史的相对论、测不准原理以及哥德尔数学原理，无一不是这种与对时间和事物的多重理解有关的严谨的科学陈述"[2]。概言之，在"词与物的互文"之间既包罗万象又不断延异最终达成具象与抽象之间悖论式、辩证式的综合，如同长诗《凤凰》中提出的那个"天问"：

为词造一座银行吧，并且，批准事物的梦幻性透支

凤凰飞起来，茫然不知，此身何身，／这人鸟同体，这天外客，这平仄的装甲。

---

1　欧阳江河：《宿墨与量子男孩》，北京十月文艺出版社，2023年，第83—147页。

2　欧阳江河：《站在虚构这边》，四川文艺出版社，2018年，第186页。

*178*

# 三、考古、博物与杂学：
## 一个关于"乡愁"的智力问题

从寻根文学时期"文化考古"主题的《悬棺》开始，到2022年的诗集《宿墨和量子男孩》为止，欧阳江河一直表现出他写作的鲜明特性：一种博取旁收的"杂家"素养及强大的、将其置换为诗歌艺术的能力。在他的诗艺中至少交织着不限于以下的各种知识、学科与艺术门类：除了前面提及的考古学和博物学之外，还有以装置艺术（物与物的解构与建构）和美术为首的各类先锋艺术话语、音乐（巴赫著名的音乐对位法与诗歌内在结构与节奏）话语、书法（中国本土经验、古典资源、自然默会精神与乡愁）话语、以AI和量子力学为核心的前沿科学话语、以资本和劳动为主题的政治经济话语，等等。因为这一切涉及一个根本问题：对过往、现存乃至未来世界的把握、阔视与熟虑，以及在此基础上的虚构与创造意识。这就是欧阳江河一贯的"知识写作"立场："在我看来，在宣言和常识的意义上认同历史、认同现实是一回事，通过写作获得历史感和现实感是另一回事，现实感是个诗学品质问题，它涉及写作材料和媒质，也与诗歌的伟大梦想、诗歌的发明精神及虚构能力有关……现实感的获得不仅是策略问题，也是智力问题。"[1]

在欧阳江河的各时段诗歌中，有近前30年的代表性装置艺术作品；有音乐界、美术界各类影响广泛的艺术作品；有前辈诗人、哲学家跨越广袤时空的经典引言、引文或影射文本；有同辈诗人、友人的诗歌或关乎诗歌、艺术的各种文本；更有一些关于现代科学、工业、商业资本领域内知识和典故的"隐文本"……这种体量巨大、视野宏阔、笔力千钧、

---

1　欧阳江河：《站在虚构这边》，四川文艺出版社，2018年，第196页。

气贯神凝的"词与物"之间各种关系的解构、重构、辐射与延伸，构成了词的类型化美学——大量在"空间性"层面类聚类型化、系列化的词汇；词的解剖化美学——在类型化的基础上打破时间和空间的局限而形成的"多维立体剖面"效果；以及词的数据库美学效应。这里的数据库美学指的是前两者在21世纪这个信息技术更为发达的多媒体时代的混成，它造成了艺术与数据库（数据或信息的结构集合体）之间更深入广泛的联系，并日渐形成一种诗学、美学和伦理学的新趋势。数据库美学效应反映在"词与物的关系"上，可造成更大的"词与物"的语域场、语义库，穿透历史与日常之魅，达成宏观透辟的现实关注。

而这就是欧阳江河所说的"不仅是策略问题，也是智力问题"，它构成了知识分子立场上的"知识写作"。

再一次回到"凤凰"与"恐龙"。诗人创造这样的"深度／考古时间"，在博词、博物与博艺之间纵横穿梭于文明史，诗人何为？诗歌何为？

很明显，不管是诗人还是艺术家，他们始终强调的是"在场感"，对"飞在不飞中"的深度时间与当下性，以及资本力量与劳动及艺术之间的颉颃所代表的一种文明史的"阔视"与"熟虑"，而这其中，自然也有"凤凰"在"恐龙"面前所呈现的"中国经验"与"中国态度"。

欧阳江河曾谈及"中国文化"中的名物文化："中国文化有一个很有意思的特点：有时并非先有了物，而后才有对物的命名。中国文化经常这样，最高事物往往是一个无物，却又给这个'无物'一个命名，被命名的实际上是不存在的。"[1] "凤凰"即是这种典型的实为"无物"的"最高之物"，因此对它的描述也充满了"中国经验"。

---

1　欧阳江河:《长诗集》，江苏凤凰文艺出版社，2017年，第406页。

徐冰在制作"凤凰"装置的凤羽飘带时，是这样设计的："飘带是用施工围栏布……用那种彩条布是重要的，因为彩条布给大家特别强的施工感……实际上整个过程中，我一直强调一定要强化施工现场感、建筑感的材料。"[1] 在欧阳江河处理"词与物的关系"的内在逻辑里，也包含着这样的一种贯通了时间（历史感）与空间（现实感）的"中国态度"，以及与自然、经验之间的"默会融合"关系。长诗中把"凤凰"造型为飞跃整个东方文明史的"平仄的装甲"，以及在长诗中反复提及凤凰的"施工者"是一群农民工，甚至为了赶进度而放弃了回家过春节的假期，他们一次次忘记了自己在都市只有"暂住证"的身份，而骑在凤凰的背上成为飞越千古、远物和先锋艺术的"骑凤人"，既是一种跨越古今时空的宏观与客观统照，也是强调着中国现场感的"浑身都是施工"的凤凰，"飞与不飞，两者都是手工的"凤凰。

诗人和艺术家"考古／博物"诗学在文化艺术领域内的意义，在今天看来其价值在于提供一种科学理性和人文色彩并重的视角，突破那种与自然、历史和时代关系割裂的局限于感性私我的写作，再现客观和宏观的历史及现实架构下的诗学伦理。其实质是把"百科全书"式的结构、全球性视野和民族性、地域性经验与对现实细部的把握和关注有机结合在一起，从而铸就一种以"问题主义"为核心的、关注现实、直面问题同时又超越风格、突破样式、有感而发的"乡愁"与新的现实主义：

当代长诗写作该如何回应原有的文化资源，在经历了转型时期的扭曲和变形之后，变成了什么，要回应这么一个大的问题。要考虑新的转型导致的中国现实的复杂性，中国和世界的联系，灵魂和物态

---

1 周瓚:《彷徨于飞——徐冰〈凤凰〉的诞生》，文化艺术出版社，2012年，第41页。

的联系，批判性写作和日常性、和历史资源的联系，以及非联系。[1]

　　长诗作为一个笼罩的装置，能否把它投放进思想的密集劳动矩阵去生产……去形成新的乡愁，新的旧情。[2]

　　乡愁何所愁？"大我"被"小我"丢失了；"众人"与"个别人"之间无可避免地隔阂；"造房者和居住者，彼此没有看见"。诗人拂去信息时代、技术世界、资本逻辑下、现实之上的重重霾雾：人与物之间的隔——"默会"经验的缺失，造成个体生命完整信念的危机；人与人之间的隔——造成信仰与共鸣的社会经验缺失和危机；群体与群体之间的隔——居住者和劳动者的彼此"看不见"，造成现实经验和文明经验的错位与吊诡。

　　诗人有意识地、主动地"试用中国的经验审视现代艺术的问题"、呈现更多"带有较强中国现实意识"的作品，"直面自己身边的现实和时代敏感地带，探寻艺术与生活更真实的关系"[3]。这种艺术的最终价值，是为了寻求"一种新的、有效的思想方法及新的文明方式"[4]。

　　如是，在诗人揭示"飞与不飞，两者都是手工的"的敏锐、呈现"把资本、积累、发展与劳动、底层之间关系"以及"中国人的带着伤痕与磨难的愿望"[5]的犀利中，经验关乎"词"，自然关于"物"，联系这两者的是"人"，三者在互动中诠释了历史和现实、技术世界和民间文化的嵌合、拼接与装置——一种让"过去"和"现在"、"居住者"和"造

---

1　欧阳江河：《长诗集》，江苏凤凰文艺出版社，2017年，第407页。

2　同上，第411页。

3　徐冰：《我的真文字》，中信出版社，2015年，第108-109页。

4　同上，第119页。

5　周瓒：《彷徨于飞——徐冰〈凤凰〉的诞生》，文化艺术出版社，2012年，第117页。

房者"都能彼此看见的"叫做凤凰的现实"。所以"凤凰"之所以还在"手工""搭建"中"重生"，在"伤痕累累的手艺和注目礼"中使飞翔本身变成了"观念的重影"，并且"为感官之痛，保留了人之初"。

而这，正是能够诠释中国当下纷繁庞杂现实的、最坚实的、在"天外天"处找到的立脚点、工作室、"脚手架"，就像那些被徐冰镶嵌在"凤冠"之上的无数建筑工人戴旧了的、伤痕累累的"安全帽"，镌刻在凤尾上的各种生锈的、废弃的建筑废弃物：它们都是凤凰在当下的"在场"，在深度时间内分身的"真身"：

而欧阳江河《凤凰》中为此互文的诗句是：

> 破坏与建设，焊接在一起
> 工地绽出喷泉般的天象——
> 水滴，焰火，上百万颗钻石，
> 以及成百吨的自由落体；
> 以及垃圾的天女散花，
> 将落未落时，突然被什么给镇住了
> 在天空中
> 凝结成一个全体。

一分钟的"凤凰"，它的"真身"（现实的当下性，在场性）或许是一分钟"过去"的恐龙（考古学的文明史远景）加上一分钟的"未来"的"恐龙"（演化中的文明史愿景）。如同伴随着自然史发展而不断前行的人文探索历程一样，最伟大的"深情"或许正是"求知"，而科学实证主义的深处藏着另一种形态的浪漫主义：那就是如何在飞速运转的技术世界里保持自己的快中之慢、动中之静的"飞在不飞中"的"人之初"。

在福柯的知识考古学中，人的主体性解构，悲观地消失在"后人类世"；但在欧阳江河的"考古／博物诗学"中，他一面看见了量子时代的科学话语，一面存留"古人写剩的一点宿墨"，向不可知的未来发出"考古的天问"并记下"博物的地书"，并试图用"词"对"物"做出新的命名，探索人在有限时空精神认知和肉身存在的"升维"可能。从这个意义上可以说，欧阳江河建立在"深度时间"基础上的、以"考古／博物"诗学为特征的知识写作，用一种综合的、整体的、智性的、艺术的力量来对抗现实的滞重而营造语言的灵逸：处理历史、文化记忆，综合时代、科技政治经济因素，直面灾难、疾病与瘟疫、新世纪主题，掌握文学、艺术、跨类知识与现实"在场感"的综合能力，并构成其"知识写作"的整体性、有机性和演化性：

> 如果这样的鸟儿都不能飞，
> 那还要天空做什么？

这，便是诗人用诗歌为"乡愁"做的注脚：在场感，与升维的可能。

# 跨文化、跨文本视野下的《日出》结构分析[*]

祝宇红[**]

**摘要：** 曹禺《日出》在人物身份设定、人物关系、结构布局等方面与好莱坞电影《大饭店》《晚宴》多有相似之处，这三部作品都反映了1929—1933年间的全球性经济大危机。同时，《日出》中的人物在现实中能够找到许多"原型"，如银行经理潘月亭破产就借鉴了1935年的青岛明华银行倒闭案。话剧与电影的相似之处，可以看作那个时代的全球症候。另外，《日出》《大饭店》《晚宴》和佳构剧鼻祖斯克里布的《雅德莉安·乐可娥》（包天笑、许卓呆的中译本作《怨》）一样，有着"客厅剧"（室内剧）结构上的相似性。《日出》《大饭店》和《晚宴》的结构被称为"人像展览式"结构，以展览人物形象和社会风貌为主要目的，后来在高尔基的《在底层》、奥尼尔的《送冰的人来了》、老舍的《茶馆》等20世纪剧作中发扬光大。可以说，在联系现实原型的基础上，《日出》从佳构剧中脱胎而来，借鉴了好莱坞电影，最终形成了反映社会面貌、具有突出观念性的独树一帜的散文式戏剧结构。

**关键词：** 《日出》 好莱坞电影 佳构剧 跨文本 "人像展览式"结构

---

\* 本文系国家社科基金后期资助项目"'诗学正义'的牵引：曹禺创作史研究"（编号：23FZWB071）阶段性成果。

\*\* 祝宇红，同济大学人文学院副教授。

　　创作者总是希望接受者关注作品本身，不过读者和观众尤其是研究者，却像钱锺书说的那种吃了鸡蛋却追问下蛋的母鸡的人，总是不由自主地违逆作者，总想知道作者在构思与创作中是否受到某些影响，这些影响也许是自觉的，也可能是不自觉的。曹禺就是不断面临这样追问的作者，他的否认有时不免让人觉得似乎在讳言"偷师"的创作经历。比如，面对关于《雷雨》受希腊悲剧、易卜生戏剧影响的评论，他首先声明自己熟悉这些大师之作，然后才表明并未有意追摹，创作的动因也不相干。在《〈日出〉跋》中，他特意事先说明，自己沉浸、研读契诃夫的《三姊妹》，甚至还学样写了不少篇幅，最后却一把火烧掉，终于另外重起炉灶，试写新篇；他还承认第三幕巧用北方妓院"拉帐子"的习惯，将戏台分成左右两部，这是在奥尼尔 *Dynamo*（《发报机》）一剧中见过的……如此等等。

　　到了晚年，曹禺依然会面临这样的直接追问。1980年曹禺访美期间的一场座谈会上，主持人夏志清就提过这样一个问题：好莱坞电影《大饭店》和《晚宴》两部片子对《日出》的写作有无借鉴之处。结果，"曹禺有些急了"，回答"《大饭店》电影没有看过，书是看过的，毫无影响"。这里，"书"指的是《大饭店》改编自维基·鲍姆（Vicki Baum）的原著德语小说。然而，夏志清觉得上述两部巨片，尤其是《大饭店》获当年奥斯卡金像奖最佳影片，"当年中国洋派大学生没有人不看的"。[1] 一方面坚决澄清没有看过电影，一方面又承认看过小说原著，曹禺的表白显然没有让夏志清的疑问消除。实际上，曹禺后来对传记作者、研究者田本相承认自己是看过这两部电影的。[2] 那么，曹禺为何在访美期间否

---

1　夏志清：《曹禺访哥大纪实——兼评〈北京人〉》，载田本相、邹红主编：《海外学者论曹禺》，广西师范大学出版社，2014年，第349页。

2　田本相、刘一军：《曹禺访谈录》，百花文艺出版社，2010年，第162页。

认看过这两部电影呢？考虑到当时具体的语境，多半因为夏志清的问题让曹禺有不愉快的联想。

当时港台地区和美国汉学界有一种"曹禺是西方戏剧影响下的浅薄学徒"的观点，这一观点的主要传播来源之一是刘绍铭的著作，而刘绍铭是夏志清的朋友，还曾经翻译过夏志清的《中国现代小说史》。1966年，刘绍铭在美国印第安纳大学完成研究曹禺所受西方文学影响的博士论文。论文在1970年由香港大学出版社出版，书名直接称曹禺为"勉强的门徒"：*Ts'ao Yu, the Reluctant Disciple of Chekhov and O'Neill*（《曹禺、契诃夫和奥尼尔的勉强的门徒》）[1]。而此书的副标题则表明此书影响研究的立场：*A Study in Literary Influence*（影响研究）。中文稿在1970年先后发表于香港的《明报月刊》。同年，该书的中译本在香港文艺书屋出版，改题为《曹禺论》。1977年，《曹禺论》收入刘绍铭在台湾洪范书店出版的《小说与戏剧》一书中。1979年，香港大学出版社的英文版再版。曹禺对刘绍铭的著述是有所了解的，1980年在美国遇到夏志清，又被追问《日出》是否受好莱坞电影影响，曹禺自然心中不悦，干脆否认看过电影。

固然，作为创作者的曹禺不喜欢被标上"门徒"或"偷师"的标签，但是，如果抛开主观故意的"偷师"视角，转而从跨文化、跨文本的视野来进行一种比较文学式的研读，也许能够更好地辨认曹禺戏剧创作在他的时代所体现的共性和个性，他的创作成绩植根于怎样的艺术土壤，他又如何将社会问题意识和对人生的普遍思考凝结于个性鲜明的戏剧结构和人物塑形中。

---

1　Joseph S. M. Lau, Ts'ao Yu, *The Reluctant Disciple of Chekhov and O'Nei // : A Study in Literary Influence*, Hong Kong University Press, 1970, 1979.

这里的"跨文本"概念来自热奈特。热奈特在《广义文本之导论》中提出"跨文本性"的概念，这一概念关注"所有使文本与其他文本发生明显或潜在关系的因素"。跨文本性包括各种形式：第一，不同忠实程度的引用与被引用关系；第二，模仿和改造关系；第三，评论文章与其所评论文本的关系，等等。热奈特将"联结每个文本与该文本脱颖而出的各种言语类型的包含关系包括在跨文本性之中"，考察跨文本性，就需要探究体裁以及决定体裁的"题材、方式、形式及其他方面的因素"。热奈特将它们称为"广义文本"和"广义文本性"，或者简单称为"广义文本结构"。[1] 以"广义文本结构"或者"跨文本"的方式进入曹禺戏剧研究，除了曹禺剧作的文本本身，那些被认为是曹禺"模仿或改造"的戏剧（以及电影等其他体裁文本），那些立场不同、观点各异的评论文章，那些作者的自述和访谈，那些剧作所参考的现实"原型"，都是要纳入研究视野的"广义文本"。这种比较有助于我们在更广阔的视野下理解曹禺戏剧。

## 一、《日出》与好莱坞电影《大饭店》《晚宴》

夏志清比较《日出》与《大饭店》《晚宴》两部电影时主要指出三点：一是结构上，《日出》故事推展于天津大旅馆中陈白露的套房内，然后各色人等进进出出，恰如《大饭店》讲述柏林大饭店内几个住客两三天内的故事；二是情节上，《日出》中李石清冷酷地对待银行已经解雇的书记员黄省三，那态度之恶劣，犹如《大饭店》中工厂老板普莱辛格对

---

1　热奈特：《广义文本之导论》，载史忠义编译：《热奈特论文集》，百花文艺出版社，2000年，第64—65页。

待已经解雇的老职员克林格兰；三是人物形象上，《日出》中陈白露结尾服安眠药自杀，而《晚宴》里有一位失意的过气明星也是债台高筑，在旅馆房间里开煤气自杀了。

夏志清所指出的相似点确实有其说服力，不过，从另一方面讲，这三部20世纪30年代的作品，一部以天津为背景（剧中并未点明，只是曹禺曾谈及自己参考了天津的惠中饭店），一部是在柏林，一部是在纽约（电影中未点明，只是剧中提到晚宴的主人乔丹住在巴特里，这是纽约曼哈顿岛的一个地名），而经济萧条下资本家和银行家面临金融危机、过气明星为了维持形象硬撑着住在大酒店、小职员因生活窘迫颜面无存，这些确实是普遍性的现象，放在中国、德国和美国的都市背景中都融洽无间，并无移植痕迹，不能就此判断彼此的相互影响。

那么，我们不妨换一个角度来对几部作品进行整体比较，从人物、情节、结构、细节四个方面来分别考察，辨别其相似与不同。

《大饭店》（*Grand Hotel*）上映于1932年，改编自维基·鲍姆（Vicki Baum）以德语写作的畅销小说《饭店里的人》（*Menschen im Hotel*, 1929），后者被认为开创了"旅馆小说"的类型。《大饭店》是一部群像电影。在位于柏林的豪华大饭店中，各个阶层的旅客往来穿梭。普莱辛格（华莱士·比尔饰演）是个工厂主，因经营困境而躲到饭店里避风头；来自俄罗斯的芭蕾舞演员格鲁辛斯卡娅（葛丽泰·嘉宝饰演）面临过气的危机，敏感脆弱，要靠酒精麻醉自己；旧男爵冯盖根（约翰·巴里摩尔饰演）不仅早已失去贵族称号，而且穷困潦倒要靠盗窃为生；克林格兰（莱昂纳尔·巴里摩尔饰演）是普莱辛格解雇的老职员，如今身患绝症，临死之前想要住一住豪华酒店享受人生；青春美丽、野心勃勃的弗兰丝来到豪华饭店寻找机会，终于结识了普莱辛格，成为他的速记员。他们每个人都有自己想隐藏的秘密，表面上却都要维持公众场合的体面，对自己的处境有所隐瞒。经过一系列阴差阳错的误会和巧合，普莱辛格误杀了闯入自己房间盗窃的冯盖根，面临法律的惩罚；格鲁辛斯卡娅在冯盖根的爱情与鼓励下重新鼓起勇气，准备前往巴黎；克林格兰在赌博中意外发财，又一度因丢失钱包而万念俱灰，最终偷了他钱包的冯盖根不忍看到他的绝望，偷偷还回钱包，克林格兰也决定继续前往巴黎消磨时日；弗兰丝有意接近大老板普莱辛格，得到了速记员的职位，却又因普莱辛格邀她同赴英国出差的提议而踟蹰，当她狠心答应也下决心不惜当普莱辛格的情妇时，这一切又随着普莱辛格的死稍纵即逝，她最终答应克林格兰的邀请陪他一起去巴黎。这里，除了心狠手辣的普莱辛格意外杀人葬送了自己的未来，悲剧人物冯盖根在他善良本性的驱动下，一定意义上帮助其他人物度过了这隐伏着重重危机的相遇时刻。

《晚宴》（Dinner at Eight）上映于1933年，是《大饭店》成功之后好莱坞紧跟着推出的另一部群像巨片，两部电影在演员选择上甚至多有重合。奥利弗（莱昂纳尔·巴里摩尔饰演）是一位航运大亨，如今经济大萧条造成他事业危机；他的妻子筹备了一场款待名流的晚宴，这既出于上流主妇的浮华习惯，也不无帮助丈夫笼络人心、处理危机的用意；卡洛塔（玛丽·杜勒斯饰演）是一位过气女明星，早年奥利弗爱慕她甚至向她求婚，现在她一心想的是如何将手中持有的奥利弗航运公司的股票抛售，以解决自己的经济困境；暴发户帕克（华莱士·比尔饰演）粗俗、野蛮，他试图用假公司的名义收购奥利弗的股份以吞并对方；帕克的妻子（珍·哈露饰演）是一位养尊处优、自我中心的年轻美人儿，她欣喜于被奥利弗太太邀请进入上流社会的圈子，对丈夫的粗俗和忽视自己十分不满，鄙夷他为了成功不择手段，于是另找寄托成为自己医生的情妇；过气男明星拉瑞（约翰·巴里摩尔饰演）和卡洛塔住在凡尔赛饭店同一层楼，彼此并无交情，拉瑞是奥利弗太太早年崇拜的偶像，如今奥利弗的女儿波拉又坠入了拉瑞的情网，实际上他酗酒无度，早已无戏可演，他也在被邀请之列；晚宴邀请名单上还有医生，他和奥利弗也是旧相识。在晚宴之前，发生了一系列变故。奥利弗突发疾病，原来他早已深染重病；他妻子在准备宴席上屡屡遇到厨房间各种事故；卡洛塔卖出手里的股票给帕克做的假公司，又目睹波拉走出拉瑞的酒店房间；帕克怀疑妻子不忠，两人大吵一番；医生被妻子发现与很多女病人关系暧昧，曾经恩爱的两人此时黯然相对；拉瑞不得不面对演艺事业毫无起色、因酗酒挥霍而负债累累的事实，他不愿意连累波拉，也没有能力再去爱人，绝望地在房间里开煤气自杀。在这些危机时刻，男性都暴露了他们的致命弱点，而女性则经受住了考验，守住了自己的道德底线。奥利弗太太得知丈夫的疾病和破产在即的危险，安慰丈夫说自己以后可以勤俭持家，不必在意金钱的多寡；帕克太太早已对丈夫涉足政商两界的肮脏交易不满，本来一心想通过赴晚宴打入上流社交圈，得知他无意赴宴，干脆威胁他不要阻碍自己结识奥利弗·乔丹夫妇，不然就暴露他种种不法行径，这让帕克有所忌惮，他转而改变主意，打算支持奥利弗渡过难关；在善良隐忍的妻子面前，颓废放荡的医生有所悔悟，请求重归于好；卡洛塔第一时间得知了拉瑞的死讯，她急忙赶到波拉身边告知这一消息，安慰她并劝导她，让她遵守和未婚夫的婚约，不要让刚刚回国的未婚夫得知不久前发生的"变心"经历。于是，晚八点的时候，晚宴如期举行，除了拉瑞缺席，仿佛一切如常，生活继续。

不厌其烦地介绍两部电影之后，可以看出，三部作品在人物身份设定、人物关系、结构布局上颇多相似。从人物塑造上，三部作品至少有五类人物身份设定是极为相似的，即身处经济危机的资本家、过气名优、粗俗罪恶的金融寡头、被解雇后走投无路的小职员、委曲求全的文弱妻子；在人物关系上，三部作品至少存在四个对照组；在结构布局，主要是主线情节和动作上，至少存在三个对照组：

表1　《日出》《大饭店》《晚宴》人物形象、结构布局对照表

| | | 《日出》(1936) | 《大饭店》(1932) | 《晚宴》(1933) |
|---|---|---|---|---|
| 人物身份设定 | 身处经济危机的大亨 | 银行家潘月亭 | 资本家普莱辛格 | 航运大亨奥利弗 |
| | 过气名优 | 做过电影明星的陈白露（自杀） | 舞蹈家格鲁辛斯卡娅 | 女演员卡洛塔、男演员拉瑞（自杀） |
| | 粗俗罪恶的金融寡头 | 金八 | | 帕克 |
| | 被解雇后走投无路的小职员 | 黄省三（病重，精神失常） | 克林格兰（绝症） | |
| | 委曲求全、隐忍应酬的文弱妻子 | 李石清太太 | | 医生太太 |
| 人物关系 | 大亨与名优情人 | 潘月亭与陈白露 | 普莱辛格与弗兰丝（变形） | 奥利弗与卡洛塔 |
| | 贵妇与情人 | 顾八奶奶与胡四 | | 帕克太太与医生奥利弗太太和女儿先后是拉瑞的崇拜者，波拉与拉瑞有情人关系（变形） |
| | 大亨与金融寡头 | 潘月亭与金八 | | 奥利弗与帕克 |
| | 资本家与被解雇的下属 | 潘月亭／李石清与黄省三 | 普莱辛格与克林格兰 | |
| 结构布局（情节／动作） | 资本家陷入破产危机，试图挽救 | 潘月亭 | 普莱辛格 | 奥利弗 |
| | 金融操控 | 金八打败了潘月亭 | | 帕克收购了奥利弗股票 |
| | 过气名优陷入债务自杀 | 陈白露服安眠药自杀 | 格鲁辛斯卡娅（无债务，试图自杀） | 拉瑞开煤气自杀 |

　　1929—1933年间，爆发了全球性经济大危机，又称经济大萧条。股票下跌、银行倒闭、工厂破产、工人失业，这是那个时代最为典型的全球社会症候。面临破产危机的资本家和银行家成为剧作家的关注重点，就是顺理成章的事了。这些资本家为了自保而恶性裁员，对下属冷漠无情，于是，那些辛苦付出多年的小职员被解雇之后，马上面临着朝不保夕的生存困境。而这些资本家自己也身处险境，他们往往成为更不择手段、官商勾结、无恶不作的金融寡头的猎物。在茅盾长篇小说《子夜》（1933年出版）中表现为民族资本家吴荪甫所面临的工厂困境以及他和金融寡头赵伯韬的斗法，这种人物设定本身就是社会与时代的显影。在这种时代背景之下，声色场中过气明星的堕落、家庭中贤妻良母的委曲求全也是普遍性的现象。上述两种人物在其他时代固然也会存在，不过在这种时代悲剧大环境下，他们的境遇尤其显得悲惨。

　　除了全球经济危机的影响，《日出》中银行破产的描绘其实还有更直接的创作素材，即1935年的青岛明华银行倒闭案。50年代，曹禺在访谈中曾经提到，《日出》中银行家潘月亭的塑造，就借用了青岛明华银行倒闭过程中媒体相关报道中的一些细节。[1] 1935年年初，白银风潮引发的上海金融风潮波及青岛，各大银行接连受到冲击。青岛明华银行在本身资金短缺、储户提存数量激增的情况下，内部出现严重危机，濒临倒闭。经理张绸伯买通记者，发表假新闻，明华银行资金雄厚，正在盖青岛最大的旅馆东海饭店。后来1935年5月22日，明华银行不得已宣告次日起停

---

1　鲁海:《青岛旧事》，青岛出版社，2003年，第32页。鲁海:《回忆曹禺》，《半岛都市报》，2019年8月9日；黄默:《明华银行建东海饭店倒闭成民国金融第一大案》，《城市信报》，2015年1月9日。

业。明华银行的破产引发了社会混乱，有的储户甚至因此自杀。¹ 由此可见，《日出》中潘月亭挪用储户的存款投机、购买公债、抵押房地产获得现款、盖大楼以掩盖财务危机，这些都和青岛明华银行经理张绚伯的行径如出一辙。

1937年7月10日、11日，青岛市民大礼堂连续两天公演话剧《日出》，演出盛况空前，7月11日"前往参观者尤多，大礼堂内拥挤得水泄不通，至深夜始散"。² 该剧由四川旅青同乡"川灾急赈协进会"筹备演出，杜宇、赵星火担任导演，孟超担任舞台监督。赵星火后来在1942年还导演了《雷雨》，同样在青岛市民大礼堂上演，亦是一时盛况。³《日出》在青岛的上演和轰动，固然和曹禺的盛名、舞台表演的成功分不开，而上一年青岛明华银行倒闭这一轰动全国的金融事件，也大大刺激了观众对话剧舞台如何表现这一风潮的期待。或许正是因为赵星火在30、40年代导演《日出》和《雷雨》的成功，当1954年曹禺赴青岛疗养时，曹禺才欣然对来访的赵星火和鲁海谈及《日出》和明华银行倒闭案的关系，谈及《雷雨》中"鲁妈，鲁贵，鲁大海为什么姓鲁"，原来这个"鲁"指的是青岛。⁴

《日出》中金八对潘月亭的碾压，如果对应1935年的青岛明华银行倒闭案，那经理张绚伯的一败涂地则与中国银行董事长宋子文颇有干系。当时的明华银行职员王经三多年后回顾此事，记述较详。1935年，国民

1 柳宾：《青岛明华银行倒闭风潮》，《中国金融》，2015年第4期，第98-99页。徐琳：《银行破产与中国近代银行市场退出机制——以1935年明华银行破产为中心》，《社会科学》，2018年第7期，第156-166页。

2 《川灾急赈会公演〈日出〉》，《青岛民报》，1937年第6期。

3 《青岛剧团〈雷雨〉今晚在市民礼堂公演》，《青岛新市民报》，1942年第5期；冯清贵：《抗战时期曹禺剧作青岛公演考略》，《四川戏剧》，2022年第11期，第62-65页。

4 鲁海：《回忆曹禺》，《半岛都市报》，2019年8月9日。

政府颁布废除银圆改用"法币"作为流通货币。中国银行、交通银行的发行权被取消，改为经营商业银行业务，这样青岛明华银行就成了它们的竞争对手：

> 据张绚伯的亲信说：1935年张在上海度春节时，就已听说青岛中鲁银行有不稳的消息。估计同业中任何挤提的风潮，都可能殃及自己。为了防患未然，张绚伯曾通过关系得到上海四明银行的支持，即用不动产抵押向四明银行直接透支贷款。并将这个情况向当时正在上海的青岛中国银行经理王仰先透露。当时王仰先曾满口应许说，如有风吹草动，单凭他本人在青岛银行团的影响，就可以应付任何困难，不必乞求远在上海的四明银行援助。张绚伯既信以为真，便将与四明银行贷款的协议作罢，而王仰先随后即将青岛明华银行的实底转告当时的中国银行董事长宋子文。宋认为机会不可多得，正可利用明华空虚，趁机将其吃掉。[1]

于是，张绚伯信任王仰先，没有和青岛其他商业银行和衷共济，而将希望寄托在王许诺的垫借五十万款项上。但是，对方却突然暂停贷款，造成明华银行周转不灵，不得不倒闭。也就是说，中国银行及其银行团的见死不救彻底击垮了明华银行，而背后正是宋子文的私心作祟。曹禺当年恐怕并不清楚这里面的详细情况，但是《日出》中权钱势力更雄厚的金八故布迷阵、搞垮潘月亭的情节却正如同现实中青岛明华银行的遭遇。这也说明，此类金融机构的斗争其实是非常普遍的现象。

---

[1] 王经三：《青岛明华商业储蓄银行倒闭之内幕》，中国人民政治协商会议青岛市委员会文史资料研究委员会编《青岛文史资料（第六辑）》，1984年。

如果说银行经理潘月亭的失败是贯穿《日出》的一条线索，那么曾经的电影明星、社交明星、红舞女陈白露则是《日出》中的灵魂人物。曹禺曾经说明，这一人物的塑造和当时电影明星艾霞、阮玲玉的自杀有关，同时他在刻画陈白露时也参照了当时社交界的红人王右家的形象。[1]可以说，《日出》中的人物的确在现实中能够找到许多"原型"，联系剧本所描绘的特定的中国社会背景，根本不必取材好莱坞电影。话剧与电影的相似之处，本身就是那个时代的全球症候。

再回到话剧《日出》与《大饭店》《晚宴》两部电影，如果说在人物身份设定上，三部作品有太多共性是基于对相似的社会状况的关心，那么在人物关系、情节动作上的相似，则不仅仅是由于文本对应现实的相似，恐怕更多联系着文学史、戏剧史上的内在谱系关系。

比如，大亨与金融寡头、资本家与被解雇的下属、大亨与名优情人、贵妇与情人等人物关系，固然是社会上较为普遍的人物关系，但是他们之间的相处方式、话语方式和具体境遇的相似，本身也透露出虚构文学作品在叙事上的一致性。过气明星生活堕落、因债务自杀，固然是一种较为典型的社会现象，但是在作品中凸显他们的高傲、挣扎、虚无，让他们在摩登浮华的旅馆房间里绝望而平静地告别人世，也不无文学叙事上的某种沿袭色彩。

实际上，《日出》在细节上也有和前面的作品相似的地方。比如，在第一幕中，陈白露就拿出小说《日出》，为潘月亭朗读书中的文字，"太阳升起来了，黑暗留在后面；但是太阳不是我们的，我们要睡了"。潘月亭对此毫无兴趣，一直说"不通，不通，没有一点道理"，却又轻浮

---

1　田本相：《曹禺传》，北京十月文艺出版社，1988年，第195页。田本相、刘一军主编：《曹禺访谈录》，百花文艺出版社，2010年，第136-137页。

地打趣说，"后头这一句话还有点意思"。到了第四幕，陈白露向方达生再次提起这本书，重复着上一段话。方达生也说"不大懂"，又因白露是在讲述自己与诗人前夫的过往，注意力只在"我看你现在还爱他"，于是放弃劝说白露离开浮华堕落的旅馆生活，决定先离开旅馆，而没有细听白露复述书中文字的言外之意。小说《日出》与剧本同题，白露两次复述的文字，显然是剧本的"题眼"。

与此相类似，电影《晚宴》中帕克太太也一直在看一本书。这本书是医生情人送给她的，在电影她出场的段落中就已经出现。当帕克太太听女佣说医生来家里就诊时，她一边匆匆忙忙地梳洗打扮，一边让女佣把医生送的"那本厚书"找出来，"Tina, leave me my book. You know, the fat one that Dr. Talbot gave me. It says *Aspects of the Adult Mind*."（"提娜，把书拿过来。你知道，就是Talbot医生给我的那本厚书。《成年人心灵面面观》。"）到了电影最后一幕，帕克太太到奥利弗·乔丹家赴晚宴，她和卡洛塔在客厅寒暄，并肩步向餐桌时，又一次提到了这本书，"I was reading a book the other day..……It's all about civilization or something. A nutty kind of a book. You know, the guy says that machinery...is going to take the place of every profession."（"我在读一本书……关于人类文明什么的。一本有点古怪的书。你知道，作者说未来机械会在所有方面都取代人。"）帕克太太出身低微，是粗俗恶劣的暴发户丈夫从一家俱乐部衣帽间里把她带出来的，她读书既是为了取悦医生情人，同时为加入上流社交圈而储备谈资，当然她卖弄从书中看来的关于未来的说法，显然透露出她未必像表面上那样势利浅薄，她生机勃勃、自有主见、威胁丈夫时敏锐果敢，临时抱佛脚的鹦鹉学舌，作为这部电影的最后一幕，竟成为关于未来社会的某种预言。从"成年人心灵面面观"的书名与电影主旨的呼应，到结尾的末世预言，帕克太太看的这本书也不妨看作电影的"题眼"。

除了书，《日出》和《大饭店》中都有关于"鸟笼"的譬喻。《日出》第一幕前面的说明文字中，有一段关于陈白露像"寓言中那习惯于金丝笼的鸟"的提示文字，其中形容她"难以飞出自己的生活的狭之笼"[1]。而在《晚宴》中，暴发户帕克第一次来到奥利弗·乔丹家，他第一句话就是抱怨这里连电梯都没有，真像个鸟笼。奥利弗·乔丹家是《晚宴》的主场景，而陈白露的旅馆房间是《日出》整部戏的核心场景，2010年王延松导演的话剧就将舞台设计成了一个大鸟笼的形态。

书和鸟笼是两部作品有意从现实描绘中抽离出寓言色彩的细节。尤其是同样分别在开场和结尾两次出现的书，同样有"题眼"意味的书名，同样涉及人类未来的预言，两者的相似度确实很高。无怪乎当多年之后夏志清追问曹禺是否看过电影《晚宴》，曹禺一方面承认读过原著小说，另一方面则否认看过影片。这多少说明两部作品之间或许存在着某些不自觉的影响关系。

夏志清在提及《日出》和《晚宴》有一些人物和情节上的相似时，还说到40年代李健吾曾经将《晚宴》改编成中国背景的话剧《云彩霞》。其实，《云彩霞》改编的并不是《晚宴》，而是佳构剧鼻祖斯克里布的《雅德莉安·乐可娥》（包天笑、许卓呆的中译本作《怨》）。夏志清的误记是有原因的。对比《大饭店》《晚宴》和《怨》，可以发现三部剧确实有着某种人物关系和戏剧结构上的相似。

---

1　曹禺:《日出》，文化生活出版社，1937年，第8页。

表2 《怨》《晚宴》《大饭店》人物关系与戏剧结构对照表

| | | 《怨》 | 《晚宴》 | 《大饭店》 |
|---|---|---|---|---|
| 人物形象设定 | 权贵 | 武扬公爵 | 海运业大亨奥利弗·乔丹 | 工厂主普莱辛格；旧男爵冯盖根（已落魄） |
| | 权贵的（旧）情人 | 名优贾孤兰 | 过气明星卡洛塔 | 书记员弗兰丝 |
| | 权贵夫人 | 武扬公爵夫人 | 奥利弗·乔丹太太 | |
| | 权贵夫人的旧情人（崇拜对象） | 穆履思伯爵 | 过气明星拉瑞 | |
| | 名优 | 亚多丽 | 卡洛塔、拉瑞 | 格鲁辛斯卡娅 |
| 佳构剧的人物关系设定 | 公开 即将成为旧爱 | 武扬公爵与贾孤兰 | | |
| | 秘密 旧爱 | 武扬公爵夫人与穆履思公爵 | 乔丹太太与拉瑞 | |
| | 秘密 情人 | 亚多丽与穆履思公爵 | 波拉与拉瑞 | 格鲁辛斯卡娅与冯盖根 |
| 悲剧之死 | | 亚多丽 | 拉瑞 | 冯盖根 |

可以看到，《晚宴》和《大饭店》在人物和情节上确实和《怨》颇有共通之处，尤其是电影《晚宴》，相似之处更是非常显著。电影《晚宴》的编剧是弗朗西斯·玛丽恩（Frances Marion）和赫尔曼·J.曼凯维奇（Herman J. Mankiewicz），他们都是好莱坞的著名编剧。而电影剧本改编自上一年度（1932年）非常成功的同名舞台剧，舞台剧由乔治·S.考夫曼（George S. Kaufman）和埃德娜·费伯（Edna Ferber）两位当红作家担任编剧。创作反映当代生活的戏剧时，这些剧作家为了更好的演出效果而从成功的佳构剧中多有取法，这也是可以想象的事。

曹禺在《〈日出〉跋》中表示想要脱开佳构剧的笼罩，这里却间接与斯克里布的佳构剧产生了联系，确实是意想不到的事。《日出》的确尽量避免各类戏剧性巧合，而且抛弃了首尾贯穿的主线情节，不过，在次要人物的描绘上，其实仍然存在一些佳构剧的巧凑情节。比如，胡四让旅馆跑堂王福升带着到下等妓院鬼混，他偏偏要找打了金八的小东西来陪酒。又如潘月亭以为终于在投机市场上打了翻身仗，刚刚羞辱、开除了威胁自己的李石清，李石清转头就从电话里得知潘月亭上了金八的当，于是果断留下来看潘月亭的笑话；而李石清刚刚通过嘲笑潘月亭来获得一点儿报复的快感，陈白露就告知他儿子病情恶化的凶信。可见，极具舞台效果的戏剧性冲突，对于剧作家来说是很难抗拒的诱惑。

## 二、"人物展览式"戏剧结构

《日出》和《大饭店》都以豪华饭店的客房作为主要场景，《晚宴》的主场景在奥利弗家的客厅，除了拉瑞没有拜访过他家，晚宴之前卡洛塔、帕克、医生等人先后来过奥利弗家，电影也以众人齐聚奥利弗家、一起步入宴席作为结尾。在结构上，三部作品都是群像戏，场景较为集中。三部戏各自花一定篇幅描绘了主场景之外的空间。《日出》和《大饭店》场景相似，不过《日出》主场景只有陈白露的套间，第三幕则转到下等妓院；《大饭店》的场景则分别有饭店大堂、走廊、舞厅酒吧间、主要人物各自的客房。《晚宴》除了主场景奥利弗家，也展现了被邀参加晚宴众人各自的室内生活工作空间。

表3　《日出》《大饭店》《晚宴》场景对照表

|  | 《日出》 | 《大饭店》 | 《晚宴》 |
|---|---|---|---|
| 主场景 | 饭店，陈白露客房套间 | 饭店，普莱辛格房间 | 奥利弗别墅的客厅 |
| 次要场景 | 下等妓院 | 饭店大厅、走廊、酒吧、舞厅，其他住客客房 | 其他被邀请客人各自的生活空间 |

这三部作品可以说都属于"室内剧"或"客厅剧"的范畴。电影《晚宴》的前身是1932年在百老汇上演的舞台剧，维基·鲍姆的小说《旅馆里的人》在1931年首先被改编为舞台剧《大饭店》（*Grand Hotel*）在百老汇上演，成为30年间纽约最成功的歌舞剧，而1932年上映的电影《大饭店》则获得了第五届奥斯卡金像奖最佳影片奖。电影从舞台剧的形式搬演而来，几乎所有场景都在室内，不是客厅就是旅馆房间，呈现的就是室内剧的风貌。

室内剧是一种典型的现代戏剧形式。和古典戏剧为表现神话传说、英雄传奇、历史人物而设置的舞台形式不同，现代戏剧对普通人个体和社会阶层的关注形成了室内剧的新形式。在易卜生笔下，更是形成了反映中产阶级生活的"客厅剧"模式。所谓客厅剧（drawing room play 或者 dining room play），指的是故事发生在写实的客厅中，易卜生最为成功的中期戏剧《社会支柱》《玩偶之家》《人民公敌》等都是这种客厅剧。小仲马的《茶花女》也是早期著名的客厅剧。曹禺的《雷雨》主要场景放在周公馆的客厅，就是典型的客厅剧。

19世纪的客厅剧、室内剧大多仍坚持围绕戏剧主人公展开，具有贯穿首尾的情节，突出戏剧冲突。而到了20世纪初，契诃夫《三姊妹》（1901年）、高尔基《在底层》（1902年）则创造出群像式的戏剧结构。而这种戏剧结构在20世纪30年代的《大饭店》《晚宴》和《日出》中得到了发扬光大。到了1939年，奥尼尔更是创作出后期非常重要的群像剧《送冰的人来了》，这是奥尼尔自己非常满意的一部戏，描绘一群落魄酗酒的失意者聚集在霍普酒馆里过着醉生梦死的生活，讽刺了"美国梦"的虚妄，代表了美国戏剧的高峰。1946年曹禺赴美访问期间，观看了《送冰的人来了》的话剧演出，还曾经翻译此剧。1947年3月文艺周刊《水准》第1、2期连续发布了自第三期开始刊登曹禺翻译剧本《送冰的人》

的预告。尽管后来因故并未发表翻译剧本，不过由此可见曹禺对此剧的重视，颇有引为同调的欣赏。

文学史家对《日出》的结构也多有关注。有的史家沿用曹禺在《〈日出〉跋》中的自我陈述，描述其结构"不再集中于几个人身上，而借鉴印象派绘画的散点技法，用片段的方法，用多少人生的零碎来阐明一个观念"[1]。有的史家则用了"人像展览式"这个概念来说明《日出》的结构特点："它截取社会生活的横断面，采用'人像展览'方法，用许多人生片段来塑造人物，表达主题，呈现的是一种开放性的散状结构。"[2]这种概括成为《日出》结构的典型分析方式："试验一种平铺直叙的更为写实的方法，即'横断面的描写'：截取社会生活的某些横断面，不以曲折诱人的情节与紧张、剧烈的冲突取胜，而以展示人物形象和真实的社会风貌见长。（有人称这种结构方式为'人像展览式'）……在这里，戏剧冲突的结构也发生了变化：冲突的中心由传统的人物之间的外部冲突移向人物的内心世界。"[3]

"人像展览式"结构的概念首先是中国戏剧理论家顾仲彝提出的。在《论剧本的情节结构》一文中，顾仲彝将戏剧结构分为"锁闭式""开放式"和"人像展览式"三种类型。

锁闭式结构的戏剧特点是，"具有经过严格选择的，最低限度的登场人物，极其节约的活动地点和时间，以及直线发展的题材"[4]。采用这种结构的戏剧，往往开幕就是危机时刻，而过去的情节采用回顾式的叙述方式逐渐透露，也就是上文说过的"回溯式"结构。这种结构的代表戏剧

---

1　钱理群、温儒敏、吴福辉等：《中国现代文学三十年》，北京大学出版社，2000年，第414页。

2　严家炎主编：《二十世纪中国文学史（中）》，高等教育出版社，2010年，第120页。

3　田本相主编：《中国话剧艺术史（3）》，江苏凤凰教育出版社，2016年，第259页。

4　顾仲彝：《论剧本的情节结构》，《戏剧艺术》，1978年第2期，第76—90页。

作品是以索福克勒斯《俄狄浦斯王》为首的希腊悲剧，而易卜生将这种结构发展出其完美的近代形式，《玩偶之家》和《群鬼》都是最典型的范例。曹禺《雷雨》的戏剧结构最接近这种结构方式。开放式结构的戏剧，其情节是从头至尾、原原本本讲述出来的，戏剧动作也全部用具体形象展现在舞台上，西方戏剧史中采用这种结构的代表剧作家是莎士比亚。中国戏曲剧本大多是开放式的。

顾仲彝认为，近代戏剧出现了一种新的结构类型，即"人像展览式"结构，以展览人物形象和社会风貌为主要目的。最早采用这种结构的剧本是17世纪英国剧作家本·约翰逊的《哈骚洛谬市场》。19世纪之后，这种戏剧结构类型才开始盛行，霍普特曼的《织工》和高尔基的《在底层》就是最为著名的"人像展览式"戏剧。这种类型的戏剧特点是人物众多，情节较少，如同一幅群像画，展示社会生活的某个横截面，画面上布满形形色色的人物，没有突出的主人公，力图展现不同人物各自的生活风貌和性格特点。这种戏剧的剧情进展往往非常缓慢，人物之间潜在的冲突比外部冲突要强烈。这种戏剧完全违反了古典戏剧的"一人一事，一线到底"的结构原则，剧作家致力于描摹生活的自然形态。顾仲彝将《日出》视为典型的人像展览式戏剧。

顾仲彝提出这一概念，受到美国戏剧理论家约翰·霍华德·劳逊的启发。劳逊在《戏剧与电影剧作的理论与技巧》一书中描述现代戏剧出现了一种技巧，明确的戏剧动作很少，而是让一系列观念通过一种非常直截了当的形式表现出来，戏剧呈现出不断重复的相似情况展示。他提出的例子是R.雪伍德的《恐怖的森林》、M.安特生的《两院》、N.考瓦德德的《生活计划》和S.霍华德的《银索》。劳逊对这类批判现实主题的戏剧有所批评，他认为剧作家们对问题的说明是静止的，刻画的人物没有运用过自己的意志，人物关系也没有发生变化，剧本冲突没有发展。

这些戏剧致力于展示人物思想，但是忘记了这是由社会条件构成的，社会因果性被忽视，只剩下某种绝对的必然性在发挥作用。劳逊是一位极富社会责任感的左翼批评家，重视艺术的社会作用，《戏剧与电影剧作的理论与技巧》通过援引大量戏剧创作，说明"如何通过戏剧形式和戏剧手段来反映特定社会的风俗习惯、伦理道德和生活方式"[1]。顾仲彝正是从劳逊对上述戏剧动作很少、批判现实的剧作的观察和分析中，提炼出"人像展览式"（tableau play）这个戏剧结构概念。尽管劳逊没有用过tableau play这个词，也没有对上述戏剧加以明确的概念界定，但是，顾仲彝联系高尔基的《在底层》此类剧作，发明了"人像展览式"这样的结构术语，颇具说服力。

劳逊的著作首次发表于1936年。1939年，奥尼尔创作了《送冰的人来了》。而在中国，1936年曹禺出版了《日出》，1956年老舍创作了《茶馆》。这些都属于20世纪戏剧史上最杰出的剧作，也都采用了"人像展览式"结构。顾仲彝认为，人像展览式结构是从开放式和锁闭式结构发展而来的，具有两种类型的特长，结合表现社会风貌、社会现象的现代需要，成为近代剧的重要形式。其特点就是通过人物群像的描绘呈现社会面貌与本质，基本方法是通过回顾和心理活动刻画人物性格，内部动作超过外部动作。这类戏剧更接近生活真实，而绝非自然主义的静态描写。《论剧本的情节结构》一文发表较晚，其实写作时间较早，是顾仲彝在1963年编撰的《编剧理论与技巧》一书中的重要章节。《编剧理论与技巧（初稿）》是1979年由中央戏剧学院出版的。1981年，该书由中国戏剧出版社正式出版，成为中国编剧教材的奠基之作，多次再版，影响深远，"在顾先生之后，几乎所有编剧教材都不同程度地受惠于此著。……就教

---

1　劳逊：《思想战线上的电影》，魏文珠，译，电影艺术出版社，1956年，第155页。

材的整体质量而言，这也是至今难以超越的经典之作"[1]。如前所述，在此后的现代文学史和戏剧史著作中，就往往沿用顾仲彝的"人像展览式"来说明《日出》的戏剧结构类型。

当然，顾仲彝归纳戏剧结构的三分法（锁闭式、开放式、人像展览式）并不能涵盖所有戏剧，而且因为《编剧理论与技巧》写作于20世纪60年代，囿于时代的限制，他对西方戏剧的关注偏重古典戏剧，而对20世纪的西方现代戏剧较少论及，所以"人像展览式"可以看作一个非常典型的现代戏剧结构类型，和锁闭式、开放式两种结构"三分天下"这样的结论确定似乎还为时尚早。实际上，当代戏剧理论对戏剧结构也并无定论，而tableau play的概念也罕见于西方戏剧理论著作。孙惠柱是留学美国的当代戏剧家和批评家，他在《第四堵墙：戏剧的结构与解构》一书中将戏剧结构分为五种：纯戏剧式结构、史诗性结构、散文式结构、诗式结构和电影式结构。纯戏剧式结构和史诗性结构分别对应了顾仲彝所说的锁闭式和开放式，而散文式结构则包含了顾仲彝所说的人像展览式。用散文式结构来界定的戏剧类型，不仅可以涵盖霍普特曼《织工》和高尔基《在底层》这样以群像凸显社会问题的剧作，还能够包容契诃夫《万尼亚舅舅》《三姊妹》和《樱桃园》这样富于抒情散文情调的剧作，也可以将美国的兰弗·威尔逊（Lanford Eugene Wilson）的《巴尔的摩旅馆》、奥古斯特·威尔逊（August Wilson）的《两列火车在开》（全剧发生在一个黑人饭店）等剧作容纳进来。所谓"散文式结构"，戏剧形式上的特点一般是：场景集中，人物众多而关系不必紧密，多片段少贯穿，戏剧的着眼点在于"从整体上反映出一个社会局部的面貌"[2]。

---

1　陆军：《总序》，顾仲彝：《编剧理论与技巧》，上海人民出版社，2016年，第11页。
2　孙惠柱：《第四堵墙：戏剧的结构与解构》，上海书店出版社，2011年，第38页。

以上花了大量篇幅谈论客厅剧（以及室内剧）、人像展览式结构和散文式结构这些戏剧概念，归根结底还是想进一步说明《日出》的结构特点以及其博采众长的形式创造。曹禺在《〈日出〉跋》中这样陈述创作这个剧本时的结构构思：

> 我想用片段的方法写起《日出》，用多少人生的零碎来阐明一个观念。如若中间有一点我们所谓的"结构"，那"结构"的联系正是那个基本观念，即第一段引文内"人之道损不足以奉有余"。所谓"结构的统一"也就藏在这一句话里。《日出》希望献与观众的应是一个鲜血滴滴的印象，深深刻在人心里也应为这"损不足以奉有余"的社会形态。……无数的沙砾积成一座山丘，每粒沙都有同等造山的功绩。在《日出》里每个角色都应占有相等的轻重，合起来他们造成了印象的一致。这里正用着所谓"横断面的描写"，尽可能的，减少些故事的起伏，与夫"起承转合"的手法……
>
> 所谓"主要的动作"在这出戏一直也并没有。这里我想起一种用色点点成光影明亮的后期印象派图画，《日出》便是这类多少点子集成的一幅画……[1]

《日出》放弃了《雷雨》那种锁闭式结构的框架和过多巧合的佳构剧技巧，但是保留了《雷雨》那种客厅剧的戏剧模式与场景，当戏剧舞台主要呈现为陈白露的旅馆房间时，她就成为戏剧人物关系中必然的中心。《日出》还为陈白露这一人物保留了《雷雨》那种"过去的故事影响现在生活"的回溯式潜在结构，那么她的故事无疑延续了易卜生戏剧那种发

---

[1] 曹禺:《日出》，文化生活出版社，1937年，第xv、xvi、xvii页。

现自我、认识自我的现代主题，也为最后陈白露的自杀悲剧做了铺垫。同时，《日出》的主体戏剧结构采取了人像展览式（或者散文式），从而增加了戏剧人物的绝对数量和所属阶层，打散了戏剧人物之间的关系，削弱了贯穿首尾的戏剧主线，"用多少人生的零碎来证明一个观念"，也就具备了散文式结构的现代戏剧反映社会面貌、具有突出观念性的特点。《日出》要证明的这个观念，就是现实社会"损不足以奉有余"的本质。

# 会议综述

# 开拓人文学科研究的新领域

## ——华中科技大学首届"新人文"学术论坛会议综述

扈琛[*]

**摘要:** 2023年10月28日,首届"新人文:面向生态、新媒体、大数据和人工智能的挑战"学术论坛在华中科技大学成功举行。来自全国各高校、科研机构以及学术期刊的百余名专家、学者围绕"新人文"的会议主题,以及文学艺术与科学技术的越界、数字人文、新媒介艺术、医学人文、生态美学、文学博物学等具体问题进行了深入研讨,反思了传统人文学科的研究局限,试图在跨界与融合中拓宽人文学科的研究领域,在实践与应用中探讨人文学科的意义价值,为"新人文"发展提供思路和启迪。

**关键词:**"新人文" 人文学科 跨界与融合 应用与实践

2023年10月28日,首届"新人文:面向生态、新媒体、大数据和人工智能的挑战"学术论坛在华中科技大学成功举行。华中科技大学人文学院蒋济永教授主持开幕式,华中科技大学人文社科处李志强处长、人文学院刘久明院长分别致辞,宣布了"新人文"研究中心的成立。

大会发言和分组讨论环节,来自北京大学、北京师范大学、中国社

---

* 扈琛,华中科技大学人文学院。

会科学院、中国人民大学、香港岭南大学、南开大学、武汉大学、东南大学、同济大学、华中科技大学、《外国文学研究》、《安徽大学学报（哲学社会科学版）》、《湖北大学学报（哲学社会科学版）》、《长江文艺》等高校、科研机构和学术期刊的200余名专家、学者及博士生代表参与发言和讨论。会议对"新人文"的主题阐释，围绕文学艺术与科学技术的越界、数字人文、新媒介艺术、医学人文、生态美学、文学博物学等具体问题的深入研讨，推动了当代人文思想的传承与转换，为"新人文"的未来发展与创新提供了思路和启迪。

# 一、探索与突破："新人文"之"新"

近年来，随着科学技术的进一步发展和人工智能的广泛应用，传统人文学科的地位逐渐边缘，不断面临来自自然科学与社会科学的多重挑战。在人文学科发展面临前所未有的大变局时代，华中科技大学"新人文"研究中心的成立以及首届"新人文"论坛的召开，旨在提出"新人文"的观念，探索人文学科研究的新领域（对象）、新方法、新话语，拓宽人文学科的研究空间，适应时代发展的需要。

"新人文"概念的提出有其必要性。华中科技大学人文学院院长刘久明教授认为，人文学科的发展始终面临来自学科内外的双重危机。技术理性和官僚系统的双重改制、市场经济环境下大学的商业化特征以及新一波科技浪潮的兴起，严重影响着人文学科的生存环境。而人文学科本身专业领域的过度细化，又导致其难以有效介入现实生活，产生市场价值。因此，在人文学科发展面临危机之时，需要提出"新人文"的观念，为人文学科的发展寻找新生之路。华中科技大学哲学学院的邓晓芒教授从中西方人文精神的异同比较出发，肯定了提出"新人文"的必要性。他认为，一个民族的人文精神所能达到的程度，最终要看它在文学艺术上的高度。人文精神既不局限于道德政治实践精神，也不受制于科学知识的理论态度，而是应该从被看作是人文精神副产品的文学艺术中，将审美态度奉为最高级的核心价值标准。中西人文精神的核心，是以文学创作和文学理论开拓为先锋，不断创新发展的过程。尽管它们在出发点上有所不同，但它们已经不是作为副产品，而是以大批优秀的作品共同展现"新人文"精神。中国人民大学文学院的曾艳兵教授强调，面对数字人文、虚拟现实以及其他的科技冲击，人文学科发展正面临前所未有的大变局。我们应该重新思考人文学科应该走向何处、怎么走。因此，提倡"新人文"，破除人类中心主义的执念和迷思，思考如何定位"人"、如何在数字科技背景下进行人文学科研究，就显得尤为重要。

那么，相对于传统意义上的人文学科，"新人文"之"新"在何处？刘久明教授认为，"新人文"是对传统人文学科的重新审视，是对传统人文学科的扩展与更新。"新人文"强调对当代问题的参与，它关注人类在数字化时代的存在和经验，关注种族、性别、生态环境、伦理以及社会公正等现实问题，试图通过批判性的分析和理解，促进建设更加包容和公平的社会。"新人文"强调跨学科的合作和技术的整合，尝试打通人文学科与社会科学、自然科学、技术科学之间的壁垒，重建人文与科学的关系，弥合彼此之间的鸿沟，从而更好地回应当代社会的复杂需求，参与并引导人类文明的进步。曾艳兵教授指出，相对于传统的人文学科研究，"新人文"的发展重点在于关注什么是"人"，思考人文主义之"人"的含义所在。例如卡夫卡，就经常在作品中通过非人类叙事、变形叙事，来观察人类世界，探索人与世界的关系，观察"人"究竟是谁。但无论是人的叙事还是非人类叙事，真正重要的是精神境界、人文关怀以及"新人文"的思想。香港岭南大学中文系的龚浩敏副教授强调，"新人文"要打通自然科学与社会科学之间的藩篱，创造一种贯通的新思维、新理论、新方法，开辟新领域，探讨新问题。东南大学人文学院的王珂教授指出，"新人文"不仅要在理论层面研究形而上的东西，也要在实践层面关注能够解决社会问题的部分。"新人文"应该是以现代情感、现代意识、现代思维、现代生活、现代文化和现代政治为主要内容的现代性建设。

## 二、跨界与融合："新人文"的研究视域

"新人文"之"新"意味着人文学科的研究主体、对象和方法都将发生转变。"新人文"重点关注学科的交叉研究，注重学科的跨界和融合。这种跨界与融合，不仅可以打破传统学科之间的知识壁垒，拓宽人文学科的研究视野，同时也能为社会现实问题的解决提供新思路。

关注文学与科学的关系，推进文学与科学的跨界融合，是"新人文"研究的重点。浙江工商大学人文与传播学院的蒋承勇教授以19世纪的欧洲文学为例，在跨学科的学术视野下重新思考了文学与科学的关系。他认为，自然科学与文学艺术一方面互相排斥、彼此抗拒，另一方面又互相接纳、彼此成全。抗拒与接纳、排斥与成全，成为文学与科学之间特殊的辩证关系。只有从文学与科学的跨学科角度重新考察文学的发展，才能深刻理解19世纪至今的文学发展路径，才能深入研究和阐释文学与科学之间若即若离、既抗拒又接纳的微妙关系。华中师范大学文学院教授、《外国文学研究》主编苏晖认为，面对一系列科学选择带来的挑战，人类应坚持以真—善的伦理价值取向引领科学选择，以人类为主体建构一体多翼的后人类共同体，这既是人—自然—社会协调发展的需要，也是作为伦理选择主体的必然抉择。华中科技大学外国语学院的陈后亮教

授认为，弗莱的原型批评之所以能在一定程度上暂时解决批评的合法性问题，就是因为它在研究态度、方法以及知识生产效率等方面向科学的靠拢。但是，它却未能回答批评在当时的历史时刻需要发挥哪些功能，因此被后来人抛弃。对于具有科学+文学跨界融合属性的科幻小说、科幻电影等作品，华中科技大学哲学学院的程新宇教授认为，从"新人文"的视角来看，当前的科幻小说、科幻电影应该成为一种重要的文学艺术形式得到大力发展。一方面，它体现了文学艺术对现实生活的关注和反映，能够培养读者的科技素养；另一方面，科幻小说应该广泛、深刻地解释科技伦理问题，引起读者的共鸣和反思。这是科幻小说的核心精神所在，也是"新人文"精神的体现。

关注文学与技术的关系，探讨技术革新对于文学的影响，是"新人文"研究的重要领域。针对正处于蓬勃发展阶段的AI写作和大语言模型写作技术，华中科技大学人文学院的王毅教授认为，旧诗与新诗在AI写作时代会面临衰竭和勃兴的不同命运。旧诗因其固定的格律、规则、诗法，故而容易被人工智能模仿，创作出高质量的作品。自由体新诗则恰恰因为没有固定的体式和规律可循，才可以在AI写作中保持个性。AI写作的终极目的不是取代人，而是将人延伸并且完善，让人得以自由。北京大学中文系博士研究生林峥特别关注到人类智能与人工智能的差异。他表示，自由意志为人类智能提供了巨大的可能性，人类的抽象思维能力，人类意识的能动性、创造性、灵活性，人类智能的综合性、处理复杂问题的能力，以及人类情感的丰富性，都是现阶段人工智能所无法比拟的。人们应以开放、积极与理性的态度应对人工智能时代的挑战，进一步发挥人类智能的优势，实现人类与人工智能的协同进化。同时，科学技术的发展也带来了传播媒介的革新，互联网加持下短视频、有声书和读书APP等的出现，在改变文学文本传播方式的同时，也影响到文学作品创作。天津大学人文艺术学院的杨毅老师注意到，部分有声书的运作方式更加私人。它的听众不再像以前一样只能被动接受，而是可以在双向的互动交流中定制个性化内容。北京大学中文系博士研究生张琳表示，通过研究生命主体的视觉行为和视觉权力，考察其认识世界、感知世界、表达世界的思维范畴，是透析文学的社会性、文化性，及呈现生命现象的重要维度，对强化深度的文学阅读和文学审美价值具有重要的意义。

重新思考人与自然的关系，将人与自我、自然、社会的关系看作是一个互为前提、互相影响的多维度研究领域，是"新人文"研究的重要话题。武汉大学文学院的汪树东教授强调，生态文学真正要构筑的是一种人类时代的大文学观。这种文学观突破了传统文学观的人类中心主义偏见，确立了生态整体主义的宏观视域。它强调"新人文"既要关注人性、人情等，也要关注人与自然的错综关系，更要关注自然生命的万千姿态。龚浩敏副教授认为，生态批评是"新人文"研究中的一个重要议题，它结合了生态科学与文学批评，探讨了人与自然环境之间的关系，以及这一关系与文化文学的复杂互动。同时，生态批评又因为对文学批评的理性化要求，产生对"新人文"的挑战。此外，"新人文"提倡以人类学、博物诗学和动物诗学为方法，探讨人文学科研究的新可能。同济大学人文学院的祝宇红教授从人类学的角度，重新解读曹禺的《北京人》。她认为，曹禺将人类起源的黄金时代设定为未来"新北京人"的方向，就是将古希腊悲剧的机械降神改编成了人类学式的。这种文明观和它所体现的诗学正义，确实是乐观的，却是一种不同于左翼批评者，不同于卢卡契推崇的那种历史正义和历史规律的乐观。华中科技大学人文学院的王书婷教授从博物诗学的角度重新切入欧阳江河的诗歌创作。她表示，欧阳江河通过"考古"与"博物"的桥梁，梳理历史与文化记忆，纵观时代与政治经济因素，直面灾难、瘟疫、生态、科技前沿等"后人类世"题旨，并由此铸成其诗歌写作的特质以及雄心——具备厚重的现实"在场感"，并以其史诗意味的"知识写作"来应对文明史发展的整体性、有机性和进化性。

## 三、实践与应用："新人文"的研究价值

传统的人文学科研究多聚焦于理论的建构与阐释，作品的赏析与批评，史料的发掘与整理，很少正面回应亟待解决的社会问题、现实问题，很难直接产生经济效益、社会效益。然而，在市场经济占据主导地位的今天，发挥人文学科的现实价值就显得尤为重要。"新人文"的提出，就是倡导理论研究与社会实践相结合，关注人文学科在现实生活中的应用价值，提升人文学科的实践性、应用性。

探索科技应用与人文学科的融合，强化人文学科的现实价值和实用意义，是推进"新人文"研究的价值所在。在数字人文的时代大潮中，中国社会科学院语言研究所的储泽祥教授从辞书编纂方面，反思了语言文字与信息技术融合与创新的新可能。他认为，数字人文正在塑造语言生活和现实生活融媒体化、智能化的新样态，辞书编纂也在数字人文的时代中面临辞书内容、编纂主体、辞书载体的多重"开放"。只有通过私人定制和语言数据共建共享，归纳可用于我国数字时代开放式语文辞书的建设经验，才能更好地推动辞书万物载体的实现。中国矿业大学人文学院的邓心强副教授认为，以多种数字人文研究方式介入文体学研究，充分利用已有的文体学资源建立各类数据库和平台，加大文本的比对和挖掘，将有助于探寻当前文体学研究新的学术空间。

强化文学与医学联系，从心理层面关注文学对医疗的作用，是提倡

"新人文"研究的意义所在。王珂教授认为，心理健康问题是当代国人亟待解决的难题。因此，他提出将文学、心理学、医学和教育学等学科结合，采用诗歌对人进行心理治疗的诗歌疗法。这种诗歌疗法主要借用读书疗法与书写疗法的原理及方法，通过诗歌欣赏和诗歌创作治疗精神性疾病，特别是在突发事件中进行有效的心理危机干预。一首好的"诗疗"诗，可以让读者获得"心理的治疗""情感的共鸣""审美的享受"和"思想的启迪"。有必要对当代国人进行"诗疗"，将诗的欣赏与诗的治疗融为一体，让人减轻压力、驱逐焦虑和增加自信，让当代国人的情感更丰富、人格更健全、心理更健康。中山大学新闻传播学院博士研究生陈予秋通过深度访谈法，收集了43位个体对疫情发生至今的生活经历和媒介使用经验，并借助质性分析软件Nvivo12对访谈资料进行编码分析。她认为，对后疫情时代人们的集体记忆和心理状态的研究，不仅要关注如何"记忆"和"记忆"功能，更要注意新冠肺炎疫情中的"风险记忆"作为集体记忆的特殊形式，给人们带来的心理影响，真正发挥集体记忆研究的现实指导意义。

此次"新人文"学术论坛，既有对提出"新人文"观念合理性的梳理与阐释，也有在"新人文"视野下对文学艺术与科学技术的越界、数字人文、新媒介艺术、医学人文、生态美学、文学博物学等新事物、新对象、新方法的讨论与思考，推动了"新人文"的理论阐释与学术实践，为人文学科的未来发展指明了方向。会议闭幕式由刘久明教授主持，蒋济永教授作学术总结。蒋教授指出，"新人文"不仅关系到人文学科的发展，更是一个文明的起点。而在自然科学对人文学科的挑战之外，诸如管理学、经济学等社会科学也对人文学科发起了挑战，这些问题都需要"新人文"在未来做进一步的思考。

# 投稿指南

## 一、刊物宗旨

《新人文研究》是由华中科技大学人文学院主办、商务印书馆出版的综合性社会科学集刊。本刊注重学科跨界与融合，强调对当代问题的参与，关注人类在数字化时代的存在和经验，旨在提供一个跨学科、跨领域的交流平台，现阶段每年出版两辑。本刊坚持学术为本、问题导向，采用编辑部审稿与匿名审稿结合的方式，倡导严谨的学风，鼓励人文科学研究的新领域（对象）、新方法、新话语。

《新人文研究》常设"学术访谈""新人文·新视域·新方法""文学与生态""文化与诗学"四个栏目，主要刊载国内外学者撰写的新人文研究领域的最新成果，以建设具有鲜明中国特色的国际名刊为目标，强调跨学科的合作和技术的整合，试图打通人文科学与社会科学、自然科学以及技术科学之间的壁垒，重建人文与技术的关系。

## 二、稿件格式要求

### （一）投稿体例

论文类来稿除正文外应提供中文"摘要"及"关键词"、所有作者的单位及职称（或学历）、主要作者的电话和电子邮箱。评论类、书评类来稿除正文外仅需提供所有作者的单位及职称（或学历）、主要作者的电话和电子邮箱。

### （二）正文

正文中所有标题均占一行，题号用汉字（从"一"开始），标题编排格式为：一级标题用"一"（依此类推），二级标题用"（一）"（依此类推）。

正文中涉及公历世纪、年代、年、月、日、时刻和计量等数字，均使用阿拉伯数字。

正文文字请用宋体5号，独立引文请用仿宋体5号。

正文中所使用的图片（包括以图片形式出现的自造字）应当准确清晰，大小适宜，版权无瑕疵。

（三）注释

注释一律采用页下注形式，字体为宋体小5号。

题注，在文章正题末右上角加星号（＊）。题注注文排在当页下，前加星号做注码，后空　格。例如：

＊　本文系国家社科基金项目"宋代植物美学思想研究"（项目编号：19BZX131）阶段性
　　成果。

＊＊　丁利荣，湖北大学文学院教授，博士生导师。

行文中的注释，每页断码排列注释序码，序号用1 2 3……。引证文献无须在文末单列。

注释中的非连续出版物，需依序标注作者、文献题名（若系析出文献，依序标注析出文献题名、文集责任者、文集题名）、译者、出版者、出版时间、页码。例如：

1　朱狄：《艺术的起源》，中国社会科学出版社，1982年，第153页。

注释中的连续出版物依序标注作者、文献题名、期刊名、年期（或卷期、出版年）、页码。例如：

2　陈应松：《生态，以及文学》，《天涯》2022年第1期，第56—60页。

注释中的电子文献依序标注作者、电子文献题名、访问时间、获取或访问路径。例如：

3　中国政府网：习近平：在全国民族团结进步表彰大会上的讲话。(2024-09-27)[2024-
　　11-01].https://www.gov.cn/yaowen/liebiao/202409/content_6976962.htm.

### 三、稿件处理

（一）来稿请投专用信箱：xinrenwen@hust.edu.cn。

（二）来稿录用与否，本刊都会在收到投稿之日起两个月内通知作者。

（三）本刊不向作者收取版面费、审稿费等任何费用。稿件一经刊用，即寄赠样刊、稿酬。

### 四、著作权使用说明

本刊享有已刊文稿的著作财产权和材料加工、电子发行、网络传播权。本刊已许可中国知网等网络知识服务平台以数字化方式复制、汇编、发行、信息网络传播本刊全文。本刊支付的稿酬已包含网络知识服务平台的著作权使用费，所有署名作者向本刊提交文章发表之行为即视为同意上述声明。如有异议，请在投稿时说明，本刊将按作者说明处理。

**图书在版编目（CIP）数据**

新人文研究. 第1辑 / 刘久明主编. — 北京：商务印书馆，
2024. — ISBN 978 - 7 - 100 - 24565 - 4

Ⅰ. C

中国国家版本馆CIP数据核字第2024RV5072号

新 人 文 研 究

（第一辑）

刘久明　主编

商 务 印 书 馆 出 版

（北京王府井大街36号　邮政编码 100710）

商 务 印 书 馆 发 行

山西人民印刷有限责任公司印刷

ISBN　978 - 7 - 100 - 24565 - 4

2024年12月第1版　　　　开本 720×1020　1/16

2024年12月第1次印刷　　　印张 14½

定价：158.00元